光伏大时代
中国光伏的崛起与未来之路

曹开虎　周夫荣　著

电子工业出版社
Publishing House of Electronics Industry
北京·BEIJING

内 容 简 介

过去短短20多年时间里，中国光伏产业从一个弱小的草根产业崛起成为全球行业领头羊，被誉为中国近代工业史的一个奇迹。

本书用近乎白描的手法，又参照电影蒙太奇的拍摄方法，全面梳理了全球背景下中国光伏产业的发展历程和重要事件，同时提出了自己的观点，引发读者的深层次思考。本书回答以下几个问题：①中国光伏产业有着怎样的曲折故事？②中国光伏产业为什么能够取得成功？③我们从过去光伏产业发展中能够汲取怎样的经验？④中国光伏产业未来走向何方？

未经许可，不得以任何方式复制或抄袭本书之部分或全部内容。
版权所有，侵权必究。

图书在版编目（CIP）数据

光伏大时代：中国光伏的崛起与未来之路 / 曹开虎，周夫荣著 . —北京：电子工业出版社，2023.4
ISBN 978-7-121-45346-5

Ⅰ. ①光… Ⅱ. ①曹… ②周… Ⅲ. ①太阳能发电－电力工业－研究－中国
Ⅳ. ① F426.61

中国国家版本馆 CIP 数据核字（2023）第 057556 号

责任编辑：王天一
文字编辑：雷洪勤
印　　刷：北京市大天乐投资管理有限公司
装　　订：北京市大天乐投资管理有限公司
出版发行：电子工业出版社
　　　　　北京市海淀区万寿路 173 信箱　邮编：100036
开　　本：720×1000　1/16　印张：14.75　字数：232 千字
版　　次：2023 年 4 月第 1 版
印　　次：2023 年 4 月第 1 次印刷
定　　价：69.80 元

凡所购买电子工业出版社图书有缺损问题，请向购买书店调换。若书店售缺，请与本社发行部联系，联系及邮购电话：（010）88254888，88258888。
质量投诉请发邮件至 zlts@phei.com.cn，盗版侵权举报请发邮件至 dbqq@phei.com.cn。
本书咨询联系方式：wangtianyi@phei.com.cn，caokaihu@nengapp.com。

序一 | Preface I

从战略上重视技术，站在人类发展大格局上看能源

20多年前，我就提出，中国要成为创新型国家，要走新型工业化道路，既要大量节约能源、节约资源，又要不失时机地实现工业化。

在这个过程中，能源是发展的硬约束条件。只有可再生能源，才是真正"取之不尽，用之不竭"的能源。可再生能源是人类能源利用的必然趋势。在可再生能源中，我又最看好光伏发电的发展前景。很早以前我就提出人类即将迎来"太阳能时代"。

十年前，这本书的作者周夫荣就和我探讨：这个目标多久能实现？最科学的实现路径是什么？

到今天，这个目标不仅实现了，而且远远超过了当时的发展预期。中国光伏，也精彩地折射了中国经济的发展，鲜明地描摹了世界光伏发展的实现路径。

过去，中国光伏发展主要经历了三个阶段：

第一个阶段，光伏产业从无到有。彼时的中国光伏可以用风光无限来概括，在世界上创造了一个奇迹。不过，这个阶段一窝蜂上项目、出现假

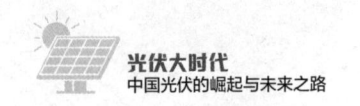

冒伪劣产品等掣肘因素给在爬坡中的光伏产业涂抹上了一层阴影。

第二个阶段，光伏产业从有到大，形成了规模。但"大而不强"的顽疾和创新薄弱的隐忧没有根本性改变。作为战略性新兴产业，光伏产业本应是高端技术密集型产业，却更像资金密集型产业。

第三个阶段，光伏产业从大到强，在国际上形成竞争力。光伏成为我国一张崭新的名片。中国已经形成了从硅料、硅片、电池片到组件的全球最完整的全产业链。产业链上各重要环节的产品在全球产量中均超过70%。

不仅如此，在全球能源转型大趋势下，光伏产业正迎来属于自己的"高光时刻"。预计到2030年，全球新增光伏装机容量需达到1500吉瓦~2000吉瓦，相当于2021年全球新增光伏装机容量的10倍。

《光伏大时代：中国光伏的崛起与未来之路》这本书的内容不仅描绘了过去30年光伏产业的全貌，而且脉络清晰地梳理出这个产业的重要发展节点和绕不开的痛点，并指出了未来的发展方向。

该书从大历史观出发看光伏，深入浅出地进行讲述、思考和探索，论点与论据相结合，宏观与微观相结合，既有宏大叙事，又有生动细节。

难能可贵的是，作者周夫荣曾经长达十余年坚持走到产业一线，去听一线的"炮火声"。她亲历和见证了勇往直前的光伏企业所演绎的极具戏剧化和代表性的鲜活故事，并通过这些故事，剖析了这个产业和中国经济三十年的起伏脉动。

作为一名有影响力的优秀记者，她善于讲故事，抓本质。笔墨所到之处也摒弃了理论与刻板，极具可读性，读来清新有趣且不乏深刻。

序一

至于未来，光伏产业又将何去何从？这本书也给出了具体的解决方案。许多也是我一直思考和倡导的方向。从长期来看，煤炭的使用率可以做到零，最好的替代方案便是发展太阳能，同时配上抽水蓄能、新型储能。当然，同时也要发展包括风能在内的其他清洁能源。

本书紧扣时代要义，强调了技术的重要性。光伏要占领技术制高点，如果我们占领的不是制高点，就发展不起来。我们不能把一个小山头当作珠穆朗玛峰。

另外，比起技术问题，国家之间的割裂和对立才是更大的问题。

如今全球各国各自为战，甚至分裂对立，这并无益处。应该一起搞好能源互联，提高各国的能源利用效率。国家与国家之间，利益纠葛很难理清。可以坐下来谈判，把利益账算清楚。能源无国界，人类应该站在更高的立场看全球的能源问题，用技术造福人类。

本书作者周夫荣是我认识和交往的一位忘年小友。她在经济日报直属媒体《中国企业家》杂志就职时，便频频传回一线的独家报道。经过 10 年沉淀，渐成一家之言。该书是实践加理论研究的成果。希望夫荣可以继续发现行业问题，监督行业进步，帮助行业发展，为行业做贡献。

是为序。

中国科学院院士 粒子物理 理论物理学家
何祚庥
2023 年 2 月 19 日

序二 | Preface II

中国光伏蓝

曹开虎总编告诉我,他为中国光伏行业写了一本书,书名叫作《光伏大时代:中国光伏的崛起与未来之路》。即将付印,先请我看看,提提意见,并邀请我为该书作序。我虽正在国外出差,但想起曹总编严谨的著书态度,诚恳的邀请以及此书对光伏行业的重要性,也不能不认真通读,提笔字斟句酌写些感受,权作为序吧!

该书用五个部分,分别阐述了火种、巨头兴衰记、大分水岭、超越的启示、新未来新挑战。全景回溯并展望了光伏的诞生、兴起、突破、创新、商业化、迭代升级、阶段过剩的原因、国家间竞争的打压、"双碳"带来的机遇等内容。

看这本书,就像是看电影,一幕幕,一页页,让我回想起很多光伏发展的激情岁月。

光伏虽说诞生在国外,但中国却把光伏做大做强了。这里面有许多偶

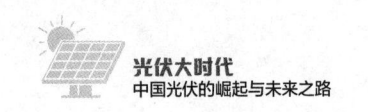

然，又有很多必然。有全球科技产业化的趋势，有中国改革开放的内在动力，有企业家拼搏奋进的努力，有国家体制和机制的优势，有重视人才、利用人才的宽容，更有光伏人攻坚克难、勇攀高峰的创新精神！

我是幸运的，自2001年回国创立尚德，拉开了中国光伏产业化、规模化生产的序幕，与光伏行业同行携手参与到中国光伏的发展过程中。中国光伏从微不足道，发展到现如今在"双碳"目标中担当大任，期间经历了从零开始时三头在外，市场、原料、设备被卡脖子，供应链国产化难题，2008国际金融危机，2012西方"双反"等无数磨难。可以预见，随着中国经济的不断发展，中国光伏的发展可能还会遇到碳关税、绿色壁垒等各种各样的困难！

从事光伏事业，就是唐僧西天取经，要经历"九九八十一难"。想起这句话："天将降大任于斯人也，必先苦其心志，劳其筋骨，饿其体肤，空乏其身，行拂乱其所为，所以动心忍性，曾益其所不能。"光伏人不用抱怨，积极面对就是了。

随着全球政治经济环境的变化，光伏行业会受到不同程度的影响。但有四个基本面不会改变：一是全球各国家对气候变化的治理共识基本面不会改变；二是全面达成碳达峰、碳中和目标的基本面不会改变；三是中国光伏产业的整体优势基本面不会改变；四是中国政府对光伏产业的支持基本面不会改变。这些都是光伏产业稳定发展的基础。

我一生投身光伏行业，经历了光伏行业发展的重要阶段。如果要谈得与失、成与败，这一篇序是写不完的，但我的核心观点是：不管遇到什么困难，都要做打不死的"小强"！一个人、一个家庭、一个企业、一个产业、一个国家、一个民族，概莫如此！

与曹开虎总编结缘是因为他之前写的《碳中和革命：未来 40 年中国经济社会大变局》一书，很有见解！他之前在《第一财经日报》任能源与环境领域记者，现已经是全球能源互联网发展合作组织旗下北京能见科技发展有限公司副总经理、总编辑，能见研究院副院长。他是一位优秀的青年作家、记者，他自 2006 年起就开始关注、报道和研究光伏、风电等能源领域，也见证了光伏新能源的发展。没有这样的经历以及长时间的淬炼，是写不出这本书的。

本书的最大优势是专业的人写专业的事，非常透彻！最大的特点是用近乎白描的手法，又参照电影蒙太奇的拍摄方法，梳理了中国光伏产业的发展历程和重要事件，同时，提出了自己的观点，引发了读者的深层次思考。如果说还有什么不足或者是对本书还有什么期待的话，那就是如果通过对中国光伏产业波澜壮阔的发展、无数老专家对光伏产业的支持、无数企业家群体对光伏产业的执着追求、无数光伏人对工作的热爱和奋斗等事迹的梳理，能总结提炼出"中国光伏精神"就更好了！

全球光伏产业还在发展，中国光伏产业依然需要努力！光伏技术在不断迭代，目前，有 p 型、n 型、TOPCon、HJT、晶硅、薄膜等。光伏技术日新月异，摩尔定律都已经不适合光伏行业了，光伏产品更新换代非常快。中国光伏企业要时刻保持警惕，始终站在创新的前沿，确保技术领先优势，同时稳健经营，在参与全球竞争的同时，练好内功，加强产业链协同，以确保企业立于不败之地。

写至此，窗外已泛白，霞光映射下，气候治理、"双碳"目标必然达

成，人类一定会迎来更加美好的未来！

　　借此赋诗一首"中国光伏蓝"，感谢曹开虎总编为中国光伏科普事业的发展做出的贡献！向光伏致敬！向中国光伏致敬！向中国光伏人致敬！

施正荣于悉尼
2023年2月8日

中国光伏蓝

施正荣

如果说，光伏有一种颜色，那就是光伏蓝，中国光伏蓝。
回眸，光伏产业化不觉已二十年有余，如翩翩少年，生机盎然。
中国光伏，迎风飘扬！文臣武将，济济一堂。
远眺，回国时梦想，天空中那一抹红霞，光生伏特，终于红尘中独步。
展望，万法归宗，客户是根，效益是本，勇于创新，不惧挫折，
不念过往，相信未来，方能决胜千里之外。
叹，国际政经暗潮涌动，战乱冲突，民生苟且，
刀剑喑哑，三尺青锋，寒光频闪。
甚幸，"双碳"大势，光伏产业，国之所重，民之所依，国运即民之运也。
吾中华布局高远，位置绝佳，优势独具。
光伏人当志存高远，相信相信的力量，开疆拓土，逐鹿全球，决胜沙场！
感，光伏二十载，道阻且长。
然，吾辈意志坚，行则必至！

序三 | Preface Ⅲ

光伏将成为第三次能源革命的压舱石

欣闻《光伏大时代：中国光伏的崛起与未来之路》即将出版，作者曹开虎邀请我为他的这本新书作序，我欣然接受了。新能源一直是我重点研究和推荐的领域，包括光伏——未来的绿电之基。最近几年，我一直在多种场合强调，新能源产业，包括光伏产业的重要性和巨大发展前景。

新能源建设关系到大国的低碳转型、能源安全和能源服务水平。从长远来看，光伏产业将在不断成熟的定价模式与交易机制中扩大发电规模，提高综合效率，降低度电成本。在分布式光伏大范围建设的背景下，光伏发电也正在期待光储技术的突破与虚拟电厂模式的成熟，并将成为第三次能源革命中的压舱石。

从人类漫长的发展史来看，人类在过去200多年创造的物质财富要超过以前整个文明社会5000年的总和，这一切都要归功于18世纪后半期的工业革命。从整个工业发展史来看，正是历次能源革命推动了对应的工业革命。而全球能源革命有三次，第一次能源革命是蒸汽机的发明带来煤炭

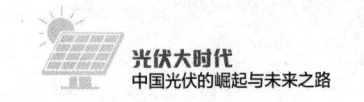

火车大规模使用，那个时候是英国工业革命的黄金时期，英国由此崛起成为当时全球最强的国家，号称日不落帝国；第二次能源革命是内燃机带来汽车大规模使用，后来美国就超过英国，取代其霸主地位，所以重大技术变革也带来了大国兴衰，并造就新的国际秩序；当前全球正处于第三次能源革命，为应对气候变化和地球变暖的趋势，能源必然从化石能源转向可再生能源，能源载体是电和氢，中国有望在这一过程中展现新技术优势。

在全球"双碳"和能源转型的大背景下，新能源相关的行业在未来经济中最有希望，也最具爆发力。全球新能源行业发展主要包含三大领域：从电动化到智能化，从煤电到绿电＋储能，从锂电池到氢能源电池。光伏，将成为未来全球最大的绿电来源之一，堪称绿电之基。

光伏将带动万亿级以上的市场。过去几年，许多以前其他领域的金融资本、产业资本都纷纷进入这一超级赛道，试图捕捉史诗级的发展机遇。我们在新能源领域的不断创新，是有可能复制到手机、家电领域的新国潮运动。但是一直以来，外界对于中国乃至全球光伏产业发展缺乏系统性了解，由此很难深刻理解和把握光伏产业的发展前景，其中一个很重要的原因就是这个行业缺乏好的书籍。所以，这是一本备受期待的著作。

本书系统性梳理了全球背景下我国光伏产业发展的宏大历史和发展脉络，从火种、巨头兴衰记、大分水岭、超越的启示、新未来新挑战等角度，回答了许多入行者、入门者以及投资者的疑问，比如中国光伏几经生死为什么能够成为全球最具竞争力的行业，这背后的原因非常值得思考。明白了这一点，就能够穿过迷雾，厘清光伏产业的发展。同时，本书还揭秘了未来光伏产业的发展将走向何处，除了大型地面电站，光伏在建筑、农业、治沙、制氢、移动能源等领域都有广泛的应用市场。

从投资的角度看，光伏是一个颇具前景的领域。如今正是新能源爆发的黎明，能抓住新的机会、把握宏观大势非常重要。

经济学家、中国民营经济研究会副会长
任泽平
2023 年 2 月

前言 | Foreword

在中国，有这样一个产业，在短短20余年间，一个个迅速崛起的明星公司像璀璨的烟火风光无限后很快又折戟沉沙，接着，又有一批昔日名不见经传的企业经过激烈的角逐成长为引领全球绿色发展的龙头企业。

还是这个产业，早期技术、市场乃至原料等"三头在外"，在它还立足未稳、尚需政策扶持时，就遭到欧美发达国家此起彼伏的"双反"调查，最后竟奇迹般经受住了最强力度的国际贸易保护主义的冲击。

仍然是这个产业，在短短20余年间，让生产1度电的成本从数十元降低到0.3元以下，为人类应对气候变化、全球能源转型、绿色发展奠定了坚实的基础。

这就是中国光伏产业。

它是英雄与枭雄擦肩而过的传奇江湖，它一度是中国首富的制造机；它让一众企业家狂喜和痛苦，它让资本爱恨交织；它曾被寄希望为美国滞胀时期的救星；它是中国最具前景的产业之一，也是全球能源转型的中坚力量。

从昔日"三头在外"的草根产业，到如今核心设备几乎全部实现本土化，拥有完整产业链，并且在产业链的所有环节都牢牢占据全球主导地位，握有绝对的话语权，中国光伏产业无疑已经成为世界"双循环"的典型。

对于跌宕起伏、波澜壮阔的中国光伏产业，国家发展和改革委员会（简称国家发展改革委）原副主任、国家能源局原局长张国宝在其著作《筚路蓝缕——世纪工程决策建设记述》中给予这样的评价，"在如此短的时间内，从一个弱小的产业崛起成为全球行业领头羊，堪称中国近代工业史的一个奇迹。"

这一评价不可谓不高。

过去两年，许多人会问我们这样一个问题：中国光伏为什么会愈挫愈勇、不断创造奇迹？

以上种种，让我们萌生有必要将中国光伏产业生动的故事为大家呈现出来的想法。这本书既描述了全球背景下中国光伏产业的发展历史，又展望了中国光伏产业发展的未来。书中既有深入浅出的讲述，又有思考和探索，既有宏大叙事，又有生动细节。

全书分成火种、巨头兴衰记、大分水岭、超越的启示、新未来新挑战五个部分。

在"火种"部分，主要介绍光伏发电技术是如何被发明的。从作为应对石油危机的"备胎"，到被阶段性放弃，再到《京都议定书》签订后被提升为全球应对气候变化的重要手段，一波三折，光伏一步步成为欧美等发达国家和地区日渐重视的对象。与此同时，光伏的火种也在中国形成燎原之势。

在"巨头兴衰记"部分，你将看到自欧洲出台高昂补贴政策、大规模启动光伏市场后，从2005年开始，中国光伏企业迅速发展壮大。光伏行业一时间风光无二，诞生了一众首富。但是伴随2008年国际金融危机的爆发，以及此后发达国家对中国光伏企业发起的"双反"调查，中国光伏行业很快陷入困境，并出现了一轮大洗牌。

在"大分水岭"部分，你将看到从2013年开始，我国国内光伏应用市场开始真正启动，并迅速爆发。伴随国内市场的爆发，高昂的财政补贴难以为继。这直接促成2018年国家出台严厉的控制政策，中国光伏企业再次迎来大洗牌。在经历较为艰难的两三年后，"双碳"目标的提出让中国光伏产业之路柳暗花明。

在"超越的启示"部分，你将看到中国光伏产业过去为什么能够取得成功，以及在哪些方面取得了成功。同时还提出，在光伏产业一片欣欣向荣的同时，光伏企业无论是从战略选择还是技术创新上仍需高度警惕。

在"新未来新挑战"部分，你将看到"双碳"目标的提出为光伏产业腾飞插上怎样的翅膀，以及未来光伏产业将出现哪些全新的挑战，以及该如何应对。

刚接触到光伏领域的读者朋友，可以循序渐进地逐章细读；对光伏产

业已有了解的读者，可以选择自己感兴趣的章节来阅读。

本书在采访和写作过程中，得到了中国科学院院士何祚庥，协鑫集团董事长朱共山，隆基绿能创始人李振国，原无锡尚德创始人、现上迈（镇江）新能源科技有限公司董事长、澳大利亚国家科学技术与工程院院士施正荣，英利集团创始人苗连生，天合光能董事长高纪凡，中国有色金属工业协会硅业分会专家委员会副主任吕锦标，以及全球能源互联网发展合作组织经济技术研究院诸多专家的帮助和指导，在此对他们表示特别感谢。

由于篇幅有限，书中难免有疏漏之处，欢迎广大读者朋友提出宝贵意见。

现在让我们一起进入光伏的世界。

目录 | Contents

第一部分 | **火种 / 001**
PART 1

01 第一缕光 / 002

02 滞胀时期的救星？/ 007

03 第一个时代转折 / 015

04 逐日而行 / 021

第二部分 | **巨头兴衰记 / 031**
PART 2

05 中国企业初露峥嵘 / 032

06 首富制造机 / 043

07 金融危机 / 049

08 应对之策 / 056

09 接踵"双反" / 064

10 "双雄"幻灭 / 072

第三部分 | **大分水岭 / 079**
PART 3

11 播下国内市场的种子 / 080

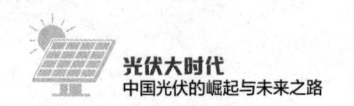

12 组件老大易主 / 087

13 单、多晶逆转 / 095

14 最严新政 / 101

15 疫情淬炼 / 108

16 "双碳"目标历史机遇 / 118

第四部分 PART 4

超越的启示 / 125

17 无补贴时代到来 / 126

18 从被低估到成为资本的宠儿 / 131

19 从"三头在外"到自力更生 / 139

20 光伏制造设备的逆袭 / 146

21 专业化与一体化战略 / 153

22 达摩克利斯之剑 / 162

第五部分 PART 5

新未来新挑战 / 175

23 国有企业主力军作用 / 176

24 在新型电力系统中担大任 / 183

25 "光伏+"新时代 / 191

26 中国的光伏，世界的光伏 / 204

后记 一个梦想 / 209

参考文献 / 213

PART 1
第一部分

火种

在第一部分，你会了解到太阳能光伏发电技术如何被发明，并让人类在能源利用方式上多了一个新的选择。从作为应对石油危机的备胎，到被阶段性放弃，再到《京都议定书》签订后被提升为全球应对气候变化的重要手段，一波三折，光伏一步步成为欧美日等发达国家日渐重视的对象。与此同时，光伏的火种也在中国形成燎原之势。

01　第一缕光

> 在探索利用太阳能进行发电的道路上，人类历经百余年时间才将光伏发电从实验室推向应用领域。在此期间，众多耳熟能详的科学家做出了卓越的贡献。光伏发电最早也因为过于昂贵只能应用到航空航天领域。

从鲜为人知到家喻户晓，光伏经历了漫长的发展史，这也是一段不断超出预期的历史。而要论其起源，可以追溯到中学物理课本中讲述的100多年前的光电效应的发现。在探索光伏为人类提供照明的漫长道路上，全球涌现出了众多顶尖的科学家和浓墨重彩描绘的故事。

从1954年全球第一个有使用价值的单晶硅光伏电池的诞生，到1958年光伏电池开始在太空中应用，再到20世纪60年代末开始在地面应用；从第一个光伏组件售价高达1500美元/瓦的天价，到后来的300美元/瓦，再到21世纪初的3美元/瓦，直至大幅下降到目前的0.34美元左右/瓦，科技进步在光伏电池的应用中发挥了巨大作用。

曾经只有航空航天领域才用得起、贵到遥不可及的光伏发电产品，如今已经走进千家万户，遍布世界各地。

光电效应的发现

光伏（Photovoltaic），由希腊语"photo"（意为"光"）和"voltaic"（意为"电和伏特"）两个词组成，寓意"光生伏特"，光伏技术就是将光能转化为人类可利用的电能。

1839年，年仅19岁的法国物理学家亚历山大·贝克勒尔，在协助父亲研究将光波照射到电解池所产生的效应时，发现了光生伏特效应。他发现，光照能够使半导体材料的不同部位之间产生电位差。这种现象后来被简称为"光伏效应"，指光照使不均匀半导体或半导体与金属组合的不同部位之间产生电位差的现象。

这一发现对于揭示物质的电性质与光波之间的密切关系有很大的作用，并直接促进了光电效应的发现。不过直到1887年，德国物理学家海因里希·赫兹做实验时才真正观察到光电效应。光电效应是物理学中一个重要而神奇的现象——在高于某特定频率的电磁波照射下，某些物质内部的电子吸收能量后逸出而形成电流，即光生电。

光生电现象虽然由赫兹发现，但是正确的解释却由著名德国科学家阿尔伯特·爱因斯坦（见图1-1）所提出。1905年，年仅27岁的爱因斯坦发表论文《关于光产生和转化的一个试探性观点》，给出了光电效应实验数

图1-1 爱因斯坦

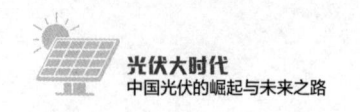

据的理论解释。

爱因斯坦主张，光的能量并非均匀分布，而是负载于离散的光量子（光子），而这光子的能量和其所组成的光的频率有关。这个突破性的理论不但能够解释光电效应，也推动了量子力学的诞生。由于他对理论物理学的贡献，特别是对光电效应定律的发现，爱因斯坦获得1921年诺贝尔物理学奖。

光伏效应是光电效应的一种。从1839年法国科学家贝克勒尔发现液体的光伏现象算起，光伏电池已经经过了180多年漫长的发展历史。从总的发展来看，基础研究和技术进步都起到了积极的推进作用。

不过对光伏电池的实际应用真正起到决定性作用的，是美国贝尔实验室三位科学家关于单晶硅光伏电池的成功研制，其成果在光伏电池发展史上起到里程碑的作用。1954年，美国科学家恰宾、富勒和皮尔松在美国贝尔实验室首次制成了实用的单晶硅光伏电池，虽然转化率只有6%，但是诞生了真正将太阳能转换为电能的实用的光伏发电技术。这直接推动了光伏发电进入应用领域。

光伏应用始于航空航天

鲜为人知的是，由于起初光伏发电成本过于高昂，普通发电领域根本无法接受，光伏在国内外的最早应用都始于航空航天领域的卫星发射。

1958年，美国第二颗人造卫星使用化学电池和光伏电池，通过发射器进入太空。这颗小卫星奠定了光伏电池的应用基础。自此以后，光伏电池逐渐被开发用于宇宙空间探索。虽然，彼时光伏电池价格昂贵，但通过电池实现的航天器寿命延长所带来的价值远远超过了光伏电池的高成本。

在中国，1958年中国研制出了首根单晶硅棒。1967年，中国科学院半导体研究所承担了为卫星研制和生产硅光伏电池板的任务。接到任务之前，曾有科研人员发现，p+/n光伏电池在空间运行时会遭遇电子辐射，造成电池衰减，使电池无法长时间在空间运行。1967年，半导体材料和材料物理学家、中国科学院院士王占国和他的团队发现n+/p光伏电池具备更佳的耐辐射性，尤其是高阻的n+/p光伏电池。

在同年召开的电池定型会上，高阻n+/p光伏电池结构正式被"651"任务采纳。"651"是新中国人造地球卫星工程的代号，当时全国的人、财、物遇到"651"均开绿灯。1968年，王占国率领中科院半导体研究所306组完成光伏电池的批量生产，总投片数5690片，成品3350片，电池成品率为58.88%。

但出于稳妥考虑，我国首颗卫星"东方红一号"并没有采用光伏电池这项当时最前沿的技术作为电源，而是用了化学电池。"东方红一号"卫星最终在太空中工作了28天。11个月后，1971年3月，基于"东方红一号"设计的备用卫星"实践一号"（见图1-2）发射成功，这是中国第一次使用光伏电池，这个采用了光伏电池的卫星最终在轨道上运行了8年。

如今，大多数航天器都会配备光伏电池，世界上大约有1000颗卫星正在使用光伏电池。

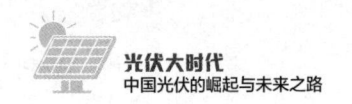

图 1-2 我国"实践一号"卫星

但是航空航天作为光伏应用市场毕竟太小,光伏行业真正发展壮大,还要依靠为人类日常生活提供发电、照明等更为庞大的市场。

而要论起这个市场,作为光伏技术的发源地,美国无疑是引领者。

02　滞胀时期的救星？

> *1979年，美国总统吉米·卡特在白宫安装太阳能热水系统，并对太阳能应用给予补贴激励，从此一批传统企业积极入局。然而，20世纪80年代初，里根总统上台后减少了对太阳能光伏项目的补贴。在石油大降价和补贴锐减等多重因素影响下，初尝螃蟹的企业纷纷放弃光伏市场，但也留下了种子，如日后的美国太阳能光伏巨头SunPower公司等。*

全球第一个推动光伏产业生根发芽的国家是美国，这得益于吉米·卡特总统的大力推广。1977年，来自南方佐治亚州的花生商人兼业余木匠、民主党人吉米·卡特击败在任总统福特，当选为第39任美国总统。

在卡特之前，1973年发生的全球第一次石油危机导致石油价格暴涨，尼克松被迫在全国实施石油价格管制。但违背价格规律的结果是，国内石油公司生产意愿越来越低，导致油荒不断出现，加油站外排成长龙的汽车成为当时著名的美国一景。

对于新上任的卡特来说，石油是他面临的最棘手的问题。上任不久，卡特在总统办公室发表了23分钟的全国电视讲话："我国国力已经不可救

药地依赖延伸于地球中部的一条遍布油轮的狭长地带。该地带位于中东，环绕波斯湾，是世界上最不稳定的地区之一。"

美国石油消费量的猛增，使其继续被中东产油国把住命门。于是，卡特建立了能源部，加强政府对能源问题的管理；进行立法，倡议通过节能改变生产方式、消费方式，从而减少石油消费，进而减少石油进口量，由此形成了第一次国家能源计划；放开对石油的价格管制；为了寻求公平，征收"石油暴利税"。

一场"道义上的战争"

对于卡特来说，发展光伏等清洁能源，成为一场"道义上的战争"。这位美国历任总统中花费纳税人钱最少的总统，计划在 2000 年时实现全国能源消耗总量 20% 源自太阳能的战略目标。他宣称："我们即将推行美国有史以来的第一个能源发展战略，我们将借此摆脱对化石燃料的依赖，实现美国的能源安全，这是一项比'星球大战''马歇尔计划'和'州际高速公路系统'加起来还要伟大的战略。"

卡特不仅推动能源节约和替代计划，自己也身体力行做节能减排的模范。他在白宫屋顶上安装了太阳能集热器以给白宫供应热水，并为此举行了发布会（见图 2-1）。

在卡特的推动下，美国和世界上许多国家出现了新能源研究与发展的黄金时期，并给出了相应的政策支持。

图 2-1　卡特在白宫屋顶太阳能热水系统发布会现场

1978年11月，美国国会通过《公用事业管制政策法案》和《1978年能源税法案》，解除对非公用发电业的管制，并制定各种各样的税收优惠政策，鼓励企业及个人使用可再生能源，其相关设备费用的20%~30%可以用来抵缴个人所得税；对使用可再生能源的企业，其设备费用的25%可以用来抵税等。毋庸置疑，这些法案为可再生能源发电技术和化石燃料发电技术的公平竞争创造了条件。

今天看来，上述法案并未明确提及太阳能的发展。其实，在1992年之前，美国都没有明确的关于太阳能利用的法律法规政策，只是将其作为一种可再生能源进行考虑。然而不可否认，这些措施对萌芽时期的光伏产业意义重大。

1990年，为了控制二氧化硫、氮氧化物等污染物的排放，减少大气污染，美国国会通过修订的《洁净空气法案》，该法案间接促进了可再生能源的开发和利用。美国太阳能工业界一直抱怨政府投入太少，告诫政府警惕"录像机综合征"。"录像机综合征"源自美国在录像机研究开发的初

期，因不投资，导致激光技术和光碟记录技术迅速淘汰磁条记录技术，美国录像机行业全军覆没，从而失去了几十亿美元的市场。

实际上，1992 年、1993 年美国财政每年都给光伏行业拨款超过 1 亿美元，政府拨款的太阳能计划也从过去的纯粹研究模式转变为应用研究及与工业界分摊费用的商品化模式。1992 年 10 月，为了重建能源市场，美国通过了《1992 年能源政策法案》，确立了光伏产业的投资税收抵免政策（ITC）。该法案规定，对于太阳能光伏项目永久减税 10%，对于新的符合条件的可再生能源发电项目，也给予为期 10 年的减税，额度为 1.5 美分/千瓦时。

此外，美国能源部成立了光伏发电项目研究开发国家机构，其研究人员来自光伏工业界、国家实验室和大学，致力于薄膜光伏电池和其他新型电池品种的研究。

与此同时，一批美国企业投入光伏创业大潮中。这当中最具影响力的是美国光伏巨头 Solarex，这是当时世界上最先进的四家太阳能光伏制造公司之一。该公司成立于 1973 年，是美国乃至全球最早一批地面商业化试点的太阳能光伏企业。公司起初从事晶体硅光伏电池生产，之后开始生产多晶硅光伏电池，并获资开发太阳能铸锭技术。

卡特能源新政失败

然而，成也法案，败也法案。也正是卡特政府的补贴政策，埋下了废除太阳能法案的隐患。1981 年，卡特在和里根的竞选中败下阵来，其大力推进的新能源战略半途而废。

里根上台时，苏联靠着巨大的石油出口一时之间风光无限，在持续发展军事的同时，国内也十分繁荣。演员出身的里根和其政府班子研究认为，苏联经济繁荣的背后漏洞百出，只要略施手段将其石油出口的优势打断，就能让苏联在瞬间失去活力。在制定并实施一系列对苏出击战略后，全球油价一路下跌。

里根的减税、减支、减负，给美国企业送去了活力，也促进了美国企业和产业的复苏，对美国企业、产业和美国经济转型升级起到了一定作用，这也为20世纪90年代末克林顿上台后推行新经济打下了一些基础。

但是石油价格大降，给"虚火过旺"的光伏产业浇上了一盆冷水，使尚不具成本优势的光伏产业顿时重回劣势。初露头角的光伏产业大受打击。这使得此前这类企业、产业的投资变得基本毫无商业价值和发展前景。

雪上加霜的是，因为看到短期没有商业价值和发展前景，石油界、投资界也萌生退意，而政府将原先的扶持政策、科研项目大幅削减甚或取消，这让已经介入光伏科研、先期投入项目的企业和个人损失惨重。

Solarex开发太阳能铸锭技术的近千万美元投资也被政府收回。1983年，该公司因连续亏损被强制要求破产重组。在此背景下，当时美国洛克菲勒财团创办的石油巨头AMOCO顺势接手了Solarex。

此后几年，美国政府对光伏产业的扶持政策有所恢复。Solarex光伏年产量最高达到10兆瓦，但后来也经历了产量下跌到不足3兆瓦的不利局面。

Solarex的连续亏损，导致AMOCO后来被迫联合美国安然公司。安

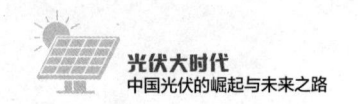

然是当时世界上最大的电力、天然气以及电信公司。1994年，安然出资与AMOCO一起控股Solarex。令人唏嘘的是，鼎盛时期市值高达600亿美元的安然后来成为美国商业史上最大的财务造假案的主角，于2001年宣告破产，轰动一时。此为后话。那次股权调整之后不久，1995年起，Solarex开始恢复盈利，并中标世界最大光伏电站——内华达州核试验基地10兆瓦光伏电站，又与印度签署50兆瓦光伏电站，同时在夏威夷建设4兆瓦光伏电站。

20世纪90年代末期，Solarex又投资2500万美元开发非晶硅薄膜电池技术。此时Solarex取代了ARCO Solar成为美国光伏老大和世界第二大光伏企业。

然而好景不长，1998年亚洲金融危机爆发导致全球经济增长减速，油价暴跌。这一年，英国石油巨头BP以276亿美元并购了AMOCO，成为当时石油行业历史上最大的一次并购。这次并购产生了世界石油行业第三大公司，打破了长期以来相对稳定的竞争结构。合并前，当时只有壳牌和埃克森石油公司拥有超过其他石油公司数倍的原油生产、储存、加工和油品零售能力。但并购后BP已成为第三家这样的超级石油公司。

收购后，Solarex与BP旗下太阳能业务再次进行合并，形成了新的BP Solar。1999年，BP为了做大太阳能业务，出资4500万美元从美国安然公司手中把Solarex剩余股份全部买下。当时，Solarex拥有17兆瓦产能，合并前的BP Solar有13.2兆瓦产能。整合后，BP Solar以30兆瓦的产能占据了当时世界1/5的份额。

多年以后，BP遭遇史上最大的墨西哥湾漏油事件，被美国政府罚了数百亿美元，加上 2008 年国际金融危机引发全球光伏制造企业陷入亏损，BP 不得不出售光伏等新能源资产断臂求生。此为后话。

作为卡特能源新政的象征，白宫屋顶上的太阳能集热器也成了摆设。1986 年，里根总统以维修屋顶为由，拆除了白宫的太阳能热水系统，将之扔到了仓库中。多年以后，一所大学把白宫废弃的太阳能热水系统运到大学实验室收藏起来。

显然，卡特的能源新政失败了，太阳能光伏产业也受到牵连。他在白宫安装的热水系统也成为其政治失败的一个象征。但从今天的全球能源危机视角来看，如果说卡特总统对于美国乃至世界有很大贡献的话，重要一点就体现在其对于新能源，尤其是对光伏的重视和扶持。卡特为光伏播下了种子，今天世界知名的光伏企业如 SunPower、First Solar 等从血脉上讲，也是那一批企业中的幸存者及后辈。

饶有趣味的是，曾被卡特装在白宫屋顶上的太阳能集热器，现在珍藏在山东德州太阳谷的世界太阳能博物馆中（见图 2-2）。

图 2-2　2010 年 8 月 6 日，中国皇明太阳能集团董事长黄鸣接受美国联合大学赠送的安装在白宫的第一台太阳能集热器，并珍藏在山东德州太阳谷的世界太阳能博物馆中

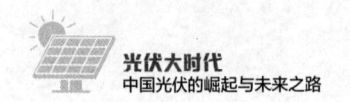

这是一个听上去颇具深意的故事。彼时的卡特和黄鸣都不曾预料到，中国将接棒发展光伏，并以遥遥领先的成绩后来居上。

而从另一个角度来看，作为一个发展中的大国，中国受石油的制约比当年的美国更甚。那架太阳能集热器虽然是卡特失败的能源新政的标志，又何尝不是中国解决自己能源困境的象征呢？

彼时全球光伏业务虽然已经崭露头角，但是真正的发展壮大还需要一个政策信号——《京都议定书》。

03　第一个时代转折

> 1997年12月，人类第一部限制温室气体排放的国际协议《京都议定书》获得通过，其成为全球以及中国光伏企业家们萌生创业念头的灯塔，国内外一批先行企业开始了在光伏行业的探索。

如果你去问最早一批中国光伏企业家何时开始关注光伏，他们中大部分人会不假思索地说，是1997年的《京都议定书》打开了他们内心通往光伏世界的大门。

20世纪70年代末，科学家首次提出警告：二氧化碳浓度的持续激增，将导致全球增温、气候灾难爆发、生存环境恶化。此后，应对气候变化、控制碳排放作为一个国际社会广泛关注的重点问题被提上议程。

正如中国科学院丁仲礼院士所说，二氧化碳减排本身的逻辑基础是清晰的。工业革命以来，全球平均气温上升约0.8℃，它同人类利用化石燃料所释放的二氧化碳有主要关系。这个结论得到广泛认可，也成为碳减排的逻辑起点。

但需要减排是一回事，谁负责减排又是另一回事。我们如今看到的博弈，实际上仍然主要围绕"谁减排"而展开。

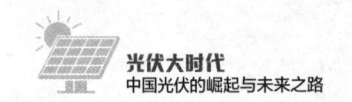

于是，针对全球气候变暖的挑战，为了人类免受气候变暖的威胁，解决谁来减排的问题，国际社会在1992年召开了"联合国环境与发展大会"（或称"里约会议"），并通过《联合国气候变化框架公约》（以下简称《公约》）。

《公约》被认为是冷战结束后最重要的国际公约之一。不仅如此，《公约》有个里程碑式的贡献，就是提出了"共同但有区别的责任"的原则。"共同"是说应对气候变化是世界各国共同的责任；"有区别"则强调各个国家的实际情况不同，所需承担的减排责任也不同。

显然，发达国家由于排放多、历史积累多，理应承担主要的减排责任，而且发达国家资金更充沛、技术更先进，应当对发展中国家提供更多资金和技术援助。但也正是这个"有区别"，成为迄今为止的20多年，乃至可以预见的未来若干年中，各个气候阵营博弈的核心所在。

1997年12月，《公约》第3次缔约方大会在日本京都召开。149个国家和地区的代表通过了旨在限制发达国家温室气体排放量以抑制全球变暖的《京都议定书》（见图3-1）。

图3-1　1997年《京都议定书》签署

《京都议定书》艰难前行

《京都议定书》规定，到 2010 年所有发达国家二氧化碳等 6 种温室气体的排放量，要比 1990 年减少 5.2%。具体来说，各发达国家从 2008 年到 2012 年必须完成的削减目标是：与 1990 年相比，欧盟削减 8%、美国削减 7%、日本削减 6%、加拿大削减 6%、东欧各国削减 5%~8%，新西兰、俄罗斯和乌克兰可将排放量稳定在 1990 年水平上。议定书同时允许爱尔兰、澳大利亚和挪威的排放量比 1990 年分别增加 10%、8% 和 1%。联合国气候变化会议就温室气体减排目标达成共识。

《京都议定书》要启动，有个"双 55"标准：一是有 55 个或以上参与国家签署该条约；二是温室气体排放量达到《京都议定书》附件中规定国家在 1990 年总排放量的 55%。这两个条件一旦满足，90 天后《京都议定书》就开始强制生效。

中国于 1998 年 5 月签署并于 2002 年 8 月核准了该议定书。美国克林顿政府也在 1998 年签署了《京都议定书》。欧盟及其成员国于 2002 年 5 月 31 日正式批准了《京都议定书》。

一切看上去顺理成章，全球减排从此走上正轨？事实远非如此，真正的斗争才刚刚开始。发达国家内部很快就出现了分歧。某种程度上，这些分裂延缓了全球光伏产业的发展。

发达国家分化成了欧盟和"伞形集团"[①] 两大阵营。欧盟国家的清洁

[①] 伞形集团（Umbrella Group）是一个区别于传统西方发达国家的阵营划分，用以特指在当前全球气候变暖议题上不同立场的国家利益集团，具体是指除欧盟以外的其他发达国家，包括美国、日本、加拿大、澳大利亚、新西兰、挪威、俄罗斯、乌克兰。因为从地图上看，这些国家的分布很像一把"伞"，也象征地球环境"保护伞"，故得此名。

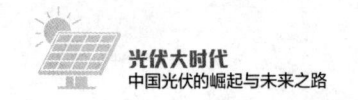

能源占据优势，因此在减排上很痛快，对减排目标的执行也很到位，还积极督促其他国家减排，可谓减排界的急先锋。欧盟以外的一些发达国家，以美国为首，包括加拿大、日本、澳大利亚等国，再加上虽然不算发达国家但也举足轻重的俄罗斯，这些国家被称为伞形集团。伞形集团国家总体上仍然很依赖化石能源，减排代价很大，自然心不甘情不愿，能拖就拖、能躲就躲。

值得一提的是，美国布什政府在2001年宣布退出《京都议定书》，理由是该议定书对美国经济发展带来过重负担。因此，美国是当时唯一游离于《京都议定书》之外的发达国家。随后，美国在国际上继续贯彻此举。2016年11月4日，《巴黎协定》正式生效，当一切似乎都在向着好的方向发展时，唐纳德·特朗普总统再续小布什的操作——2017年，美国宣布退出《巴黎协定》。此为后话。

尽管《京都议定书》的执行一波三折，并于2005年2月16日才正式生效，但其仍然是人类历史上首次以法规的形式限制温室气体排放，成为全球以及中国光伏企业家们萌生创业念头的灯塔。

值得一提的是，在对《京都议定书》的签署问题上，欧盟内部几乎没有任何争议，并一直致力于说服那些立场摇摆的国家加入该条约。尤其是德国，2002年德国呼吁美国尽快执行《京都议定书》，在减少本国工业废气排放方面做更多工作，在气候保护方面做更大努力。德国还在首届可持续发展世界首脑会议上建议国际社会就"在2010年前将使用可再生能源的比例提高到15%"达成协议。如今，德国已成为目前欧洲可再生能源市场化最好的国家之一。

新方案接替《京都议定书》

随着各国对《京都议定书》的践行，截至 2004 年，主要工业发达国家的温室气体排放量在 1990 年的基础上平均减少了 3.3%，但当时世界上最大的温室气体排放国——美国的排放量比 1990 年上升了 15.8%。

2007 年，欧盟各成员国领导人一致同意，单方面承诺到 2020 年将欧盟温室气体排放量在 1990 年的基础上至少减少 20%。2009 年，八国集团领导人表示，愿与其他国家一起到 2050 年使全球温室气体排放量至少减半，并且发达国家排放总量届时应减少 80% 以上。经济大国能源安全和气候变化论坛领导人会议发表宣言，强调将全力应对气候变化带来的挑战。欧盟峰会也就能源气候一揽子计划达成一致，制定加强中长期能源安全方针。此外，英国公布确定了二氧化碳减排目标法案草案，日本确定了温室气体减排中期目标。

2007 年年底召开的联合国气候变化大会产生了"巴厘岛路线图"，该路线图为 2009 年前应对气候变化的关键议题确立了明确议程。但是，这个路线图的诞生依旧艰难重重。

彼时，退出《京都议定书》的美国赫然发现，中国已经取代自己成为全球第一大碳排放国。于是，在大会上美国提议，再过 5 年《京都议定书》就要到期了，而"某些"发展中国家已经排放出了新高度，有必要讨论一个新的排放方案了。

于是，围绕这一目标，大会展开了为期十多天的马拉松式拉锯战。吵到大会的最后一个晚上，美国依然拒签"巴厘岛路线图"，这意味着大会

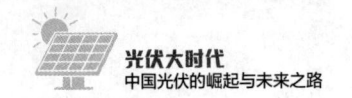

唯一的成果也要胎死腹中。戏剧性的是，美国代表随后又改变立场在文件上签了字。

然而，这并不代表着胜利，"巴厘岛路线图"为了达成共识，一再让步，甚至删除了减排的具体目标，只是强调了紧迫性，约束力甚微。但它的一个贡献则是明确了两年后的计划，届时必须讨论出新方案来接替即将失效的《京都议定书》。

总而言之，在这个国际大背景下，里根时期偃旗息鼓的光伏企业开始重获机会。从欧洲到美国、日本，再到中国，国内外一批先行企业开始了在光伏行业的探索。

04 逐日而行

> 全球应对气候变化的形势演变拉开了光伏行业重获新生的序幕,光伏行业开始在美国、日本、欧洲大放异彩,与此同时中国光伏行业也开始崭露头角。

进入 21 世纪第一个十年,发达国家正式把太阳能的开发利用作为应对全球气候变化、能源转型的主要内容。光伏产业日益成为国际上继 IT、微电子产业之后又一爆炸式发展的行业。

从全球来看,光伏发展大潮既覆盖了美国、日本、欧洲等发达国家和地区,也在中国、墨西哥、中东、北非、东南亚等发展中国家和地区不断蔓延。

在发达国家和发展中国家,由于政治、法律、金融等种种因素的影响,光伏项目的开发和建设程度不尽相同,光伏电站的打开方式也不相同。在光伏发展初期,大多数国家采取补贴的手段来推动行业的发展。

从 1980 年到 2002 年,日本、美国、德国三个开发光伏发电技术的发达国家总计投入研发资金约 35 亿欧元。其他如澳大利亚、荷兰、西班牙等国也有很大投入。

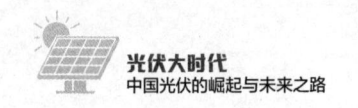

从 1990 年到 2000 年，全球光伏组件的年销售量以平均 20% 的速率增长，特别是从 1997 年开始，年增长速度上升到 30%。2002 年，全球光伏电池产量达到 559 兆瓦，比 2001 年的 401 兆瓦增长接近 40%，同时全球累计光伏安装容量达到 1000 兆瓦。

政策的引导有力地拉动了全球光伏产业发展，促进了技术的进步，从而使国际上光伏组件的生产成本从 20 世纪 70 年代的 80 美元 / 瓦、80 年代的 13 美元 / 瓦、90 年代的 4 美元 / 瓦，下降到 2001 年的 2.1 美元 / 瓦，发电成本达到 0.245 美元 / 千瓦时的水平。

美国光伏制造业从傲视全球到竞争力丧失

美国光伏产业曾经傲视全球，有很好的产业制造基础。

自 1954 年 4 月美国著名的贝尔实验室制造出了硅光伏电池后，美国的光伏产业开始一飞冲天。《纽约时报》当时在头版这样形容贝尔实验室对光伏电池的里程碑式发现，"新时代的开始，实现人类最珍惜的梦想之一——利用太阳的无限能量为人类的文明服务"。

1997 年 6 月，时任美国总统克林顿签署了著名的"百万太阳能屋顶计划"，宣布美国将建设上百万个家用光伏系统，这一政策的实施全面打开了美国光伏应用市场，使美国在世界光伏工业中牢牢坐稳了第一把交椅。这一年，美国的太阳能产品占据了其国内 100% 的市场份额，在全球的份额也超过 40%。

时间进入新千年，美国的光伏应用市场继续呈现大幅发展态势。2000

年，美国新增光伏装机容量为 4 兆瓦，此后逐年加速。到 2010 年美国新增装机容量已经达到 852 兆瓦。

凭借政策加持和本身雄厚的技术实力，前文提到的 ARCO Solar、Solarex 等当时世界一流的光伏企业基本都聚集在美国，组建了世界上最大的晶硅光伏铸锭、切片、电池和组件制造一体化的生产基地。美国光伏电池配套产品也在同步发展。2006 年，光伏逆变器公司——Enphase 在美国成立，专做光伏微型逆变器，其总部在美国佛罗里达州。

虽然美国是全球光伏产业的发祥地，但是并没有光伏制造业生存与壮大的良好土壤。伴随日本和欧洲光伏应用市场的兴起，欧洲和日本本地光伏制造商取代了美国企业的霸主地位。1997 年，美国的太阳能产品占据了国内 100% 的市场份额，但到了 2003 年，美国国内市场占有率下降到 73%。1997 年，美国的太阳能产品在全球的份额超过 40%，而 2003 年这一数字下降到了 14%。

1999 年，日本光伏电池产量达到 80 兆瓦，超过美国的 60.8 兆瓦，占全球的份额接近 40%。2002 年，欧洲的光伏电池产量达到 122 兆瓦，首次超过美国的 120 兆瓦，仅次于日本的 252 兆瓦。此后，美国光伏制造商由于竞争力丧失，在全球的市场份额继续呈现下降的态势。

在激烈的竞争下，2016 年，深陷财务危机的美国光伏巨头 SunEdison 宣告破产。SunEdison 前身是昔日全球多晶硅巨头 MEMC，2009 年 MEMC 收购了北美当时最大的太阳能发电开发商 SunEdison。此后，为了表达自己对太阳能产业的重视，MEMC 更名为 SunEdison。SunEdison 破产 4 年后，成立于 1978 年的美国最老牌的光伏企业之一 RGS Energy 在内外交困之下

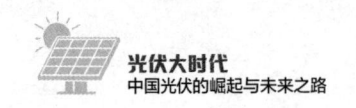

也轰然倒下。

值得一提的是，SunEdison 的破产，离不开美国对中国光伏产业的"双反"和制裁。由于美国政府多次调查和制裁中国光伏产业，提高了美国本土企业的成本，使其遭到反噬。关于"双反"，在后面章节我们会详细介绍。

上文提到的光伏逆变器公司——Enphase 曾经规模远超中国光伏逆变器公司，但是在 2011 年其销售额已经被挤出全球前 16 名。全球前 10 名逆变器公司中，中国就占了 6 席。但同样因为美国对中国光伏企业的制裁，提高了中国逆变器进入美国市场的门槛，Enphase 到 2020 年在美国市场的占有率仍高达 20% 左右。

作为目前美国硕果仅存的老牌光伏企业，First Solar 公司 1999 年在亚利桑那州成立，其前身为 Solar Cell 公司，后被美国 True North Partners 公司收购。后者由沃尔顿家族控制，沃尔顿家族是沃尔玛集团的所有人。自 2002 年起，First Solar 开始涉足光伏组件业务，其后制造能力一直稳步上升。2006 年，First Solar 在纳斯达克上市。如今，该公司仍然是全球最大的薄膜电池生产企业，并成为全球前十大光伏企业中唯一一家薄膜电池生产企业。

日本光伏产业崛起

与美国一样，日本也是从 1973 年的石油危机开始对太阳能产业重视起来的。作为油气资源稀缺的国家，为了确保自身能源的稳定供给，日本于 1974 年公布"阳光计划",旨在不断扩大开发利用各种新能源,寻找可以替代石油的燃料,并缓解化石能源对环境的污染。

此后日本又分别于 1978 年和 1989 年提出了"节能技术开发计划"和"环境保护技术开发计划"。1993 年,日本政府将上述三个计划合并成了规模庞大的"新阳光计划"。在新阳光计划下,日本以居民屋顶并网发电为重要目标,对光伏系统实施政府补贴,初始补贴达到光伏系统造价的 70%。此后随着光伏系统成本的降低,补贴也随之减少。

该政策使日本在相当长一段时间成为世界最大的光伏电池生产国,也是世界光伏市场规模最大的国家。在政策带动下,夏普、三菱、三洋电器、京瓷、钟化等日本本土企业在光伏行业都拥有较大的产能,并在全球拿下较大的市场份额。可以说日本是通过政府政策推动光伏发电发展最成功的范例之一。不过尽管如此,日本对光伏的补贴政策标准并未在全球推广开来。

2006 年是日本光伏产业发展的分水岭。此时日本的光伏发电成本与常规发电成本相当接近。这一年,日本宣布取消补贴政策。从 2006 年开始,日本本土太阳能发电规模明显呈上升乏力趋势。当年,德国超过日本成为世界最大的光伏市场。2007 年,欧洲超过日本成为世界最大的太阳能光伏电池生产地区。此后,日本光伏制造业在全球新一轮竞争中日渐走向衰落。

日本光伏企业因此对政府过早取消光伏补贴政策颇有微词。

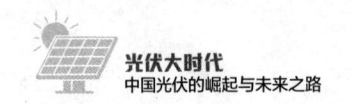

欧洲市场接棒日本

与日本的补贴政策不同，20世纪90年代中后期，德国对世界几种较成熟的光伏技术进行认真研究和分析发现，光伏组件成本随累计安装量呈指数下降趋势，安装量每扩大1倍，成本下降20%。分析结果表明，只要通过开拓市场，扩大组件生产，光伏组件成本可以下降到1美元/瓦左右。这成为德国后来制定度电补贴的光伏扶持政策的理论依据。

德国在先后实施一千屋顶计划和十万屋顶计划的基础上，于2000年颁布实施《可再生能源法》，对光伏发电慷慨地给出了高昂的上网电价。实施4年后，德国又对光伏上网电价进行修订，2004年起开始实施。该法案还规定，以后每年上网电价下降5%。

在《可再生能源法》的拉动下，德国光伏产业像打开闸门的潮流，汹涌澎湃，快速扩张，使德国一举超过日本成为世界上规模最大、发展最快的光伏市场。德国的光伏产业也很快超过美国成为当时仅次于日本的全球第二大光伏电池生产国。

昔日全球光伏电池霸主德国QCELL就诞生于2000年，到2007年QCELL产量达到389.2兆瓦，超过日本夏普的363兆瓦，跃居全球第一。此外，德国光伏企业Ersolr和Ever-Q当时在全球也都拥有较大影响力。只是令人唏嘘的是，在后来竞争日趋激烈的全球环境中，QCELL陷入困境并被韩国著名财团韩华集团收购。

自德国推出了新政策以来，人们才真正认识到，《上网电价法》是众多法规和政策中最科学、最有效的推动举措，而且带来了巨大的社会、经济和环境效益。

在德国政策带动下,西班牙、意大利等其他欧洲国家也纷纷对太阳能发电进行大力扶持和推广。从此,全球光伏市场开始迎来辉煌的发展时期。

只是,来自中国的企业短短几年后就成为世界上的光伏黑马,这是欧洲、美国和日本等光伏企业始料未及的。

我国光伏的星星之火

与欧美日等发达国家相比,我国太阳能光伏产业起步较晚。

1979年,我国才开始量产单晶硅光伏电池。20世纪80年代中后期,我国先后引进了多条国外光伏电池生产线或关键设备。1995年年初,原国家计划委员会、国家科学技术委员会和国家经济贸易委员会共同制定了《中国新能源和可再生能源发展优先项目》。在此基础上,国家科学技术委员会还制定了我国第九个五年计划期间"太阳能光利用技术"科技攻关计划,明确要加速发展我国光伏电池的生产技术(特别是多晶硅光伏电池生产技术),进一步降低成本,开拓应用途径。

2001年,我国光伏电池的生产能力才增加到每年4.5兆瓦,其中单晶硅电池每年2.5兆瓦,非晶硅电池每年2兆瓦;在工业组件的转换效率方面,单晶硅电池为11%~13%,非晶硅电池为5%~6%。这一年,全球光伏电池产量达到390.5兆瓦。中国4.5兆瓦的产量在世界占比中微乎其微。不过,"星星之火,可以燎原",中国光伏产品的售价已由"七五"初期的

80元/瓦下降到2001年的40元/瓦左右，这对于光伏市场的开拓起到了积极的推动作用。

在应用层面，虽然1973年光伏电池已经开始在我国海港浮标灯上展开应用，但是距离真正商业化应用还很遥远。

中国第一个民用光伏电站直到10年以后才建立起来。1983年甘肃省自然能源研究所在距离兰州市40公里左右的榆中地区建设了10千瓦民用光伏电站，这座如今保存在研究所基地的中国最老光伏电站，经历了数十年的风吹雨打，功率仍能保持在7千瓦左右（见图4-1）。

图4-1 榆中地区的中国最古老的民用光伏电站

这些探索为中国光伏产业的日后崛起提供了火种，但是中国光伏产业真正在全球崭露头角还要等到《京都议定书》于2005年生效后。

从此，一批追光者走上了这条无比灿烂但也曲折无比的道路。一路走来，光伏产业从野蛮生长到理性发展，始终充满活力与激情。

通过一代代中国光伏人不懈的努力，光伏电站的发电成本从每瓦几十美元下降到每瓦几十美分，为全球新能源跨越式发展提供了条件。这种指数级下降一般只在信息技术行业中出现,在能源行业非常罕见。而相比之下,传统能源石油的价格却翻了数十倍。

在过去 30 余年的时间里,中国光伏产业谱出一曲跌宕起伏的壮歌,也成为中国经济发展的一个缩影。

在这个征程中,无数创业者、海归、教授、政府官员纷纷登台,随它起起落落。多家企业起于微弱,迅速强大至笑傲全球,却快速黯然离场;也有的企业坚韧不倒,在惨烈的国际竞争中,把自己和中国光伏产业锤造成真正的强者。

PART 2
第二部分

巨头兴衰记

在第二部分，你将看到自欧洲出台高昂补贴政策、大规模启动光伏市场后，从2005年开始，中国光伏企业迅速发展壮大。光伏行业一时间风光无二，诞生了一众首富。但是伴随2008年国际金融危机的爆发，以及此后发达国家对中国光伏企业发起的"双反"调查，"三头在外"、根基不牢的中国光伏行业陷入了困境，并出现了一轮大洗牌。

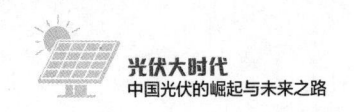

05　中国企业初露峥嵘

> *1998年，英利新能源成立；千禧之年，施正荣回国，次年创立无锡尚德。一个产业慢慢形成，并开启了激烈的海外市场角逐。尚德和英利先后上市，造富效应带动大量光伏企业成立，各地产业园扎堆招引光伏企业。*

中国光伏产业的真正序幕，是随着一南一北光伏组件"南北双雄"的出场而逐渐拉开的。

在 2005 年 12 月 14 日无锡尚德太阳能电力有限公司上市前，其创始人施正荣对中国人来说是一个陌生的名字。然而，正是这个"洋博士"，悄悄地将中国光伏产业与世界水平的差距缩短了 15 年。这位从澳大利亚归国的传奇人物创业 4 年便带领企业登陆纽约证券交易所。他也从一位频受外界质疑的创业者，变成了华尔街和媒体热烈追捧的"光伏教父"。

这个故事还要从更早的 5 年前说起。"你一介书生，知道这里的水有多深吗？" 2000 年年初，刚过完春节，中国正是乍暖还寒的季节，澳大利亚已经进入热辣的夏天。在澳大利亚的一套海景房内，施正荣告诉家人自己准备回国创业，岳父首先发话。

施正荣自己心里也没谱，一边是澳大利亚社会金字塔最顶端百分之三的社会地位和大好前程，一边是未知的将来和他在光伏产业攻城略地的野心。思虑良久，他还是变卖财产，带上 40 万美元积蓄，买了一张回国的机票。他不知道，未来，这张机票是否会成为妻子和两个儿女怪他不听劝阻的明证。

此时，中国北方的河北省保定市，一个比他大 7 岁的复员军人苗连生，早在 2 年前就已开始招兵买马。他创立了保定天威英利新能源有限公司，瞄准的也是太阳能光伏产业这块高地。

1963 年，施正荣出生于江苏省扬中市的一个农村，其成长经历并不复杂，多在校园中度过。苗连生 1956 年出生于河北省保定市，经历则要丰富许多。

苗连生曾参军，先后参加了抗美援越和对越自卫反击战。复员后，苗连生转业下海，成为中国民营经济第一批吃螃蟹的人。他从经营保定第一家化妆品公司起家，生产过绿色蔬菜，做出了保定第一桶弱碱性电解水，开了保定第一批 KTV，甚至还当过几天包工头。

而施正荣这边，从未到学龄就坚持上学，小学时连跳两级，顺利考入中学、长春光学精密机械学院、中科院上海光学精密机械研究所，到留学澳大利亚新南威尔斯大学，师从国际光伏电池权威、诺贝尔环境奖得主马丁·格林教授，他一直坚信知识改变命运。

本来，施正荣和苗连生的人生是两条平行线。2000 年，从施正荣飞回中国并在次年成立尚德后，中国光伏产业早期拓荒者施正荣和苗连生相遇了。铸剑在手，长江以南和黄河以北，中国光伏初露峥嵘，并带动一众

企业纷纷成立。

海外角逐

在这些企业成立之初,我国光伏产业主要依赖海外市场。进入 21 世纪,发达国家对包括光伏在内的可再生能源的大力支持,犹如星星之火,彻底点燃了这个新兴产业。2004 年,全球光伏产业迎来全面爆发。

海外的激励政策,也给中国光伏企业带来了巨大发展机遇。以尚德为例,在欧洲市场的刺激下,组件出口金额在 2004 年翻了 10 倍,公司利润接近 2000 万美元。

同样是在 2004 年,英利的辉煌之路从德国南部重镇慕尼黑起步,随后拓展到西班牙、意大利等市场。面对欧洲骤然兴起的太阳能组件抢购风潮,苗连生以足球运动树立英利品牌形象,于 2006 年为德国凯泽斯劳滕的世界杯球场光伏发电工程提供组件,并赞助西甲球队,此后又于 2010 年赞助南非世界杯,成为光伏历史上的经典营销案例。成为光伏历史上的经典营销案例(见图 5-1)。

图 5-1 "中国·英利"的广告牌在世界杯赛场上格外醒目

除了尚德和英利，借助海外市场的巨大需求和快速扩张，河北晶澳、江苏阿特斯、江西赛维 LDK、江苏中电光伏、浙江昱辉阳光等一批中国光伏企业迅速崛起。

2001 年，中国光伏电池产量为 4.5 兆瓦，仅占全球的 1.2%。甚至到 2002 年，由于生产规模小、自动化水平低、技术水平较低，专用原材料国产化程度不高，我国光伏组件的成本高达 3.4 美元／瓦左右，比国外企业高出约 1 美元／瓦，在国际市场中并没有竞争力。从 2005 年开始，中国光伏电池产量开始爆发式增长。2007 年，中国大陆光伏企业的光伏电池产量已经达到了 1089 兆瓦，占全球比重为 27.2%，一举超过日本的 920 兆瓦，跃升为全球最大的光伏电池生产国。

从 2007 年到 2008 年，大量资金持续涌入这个新兴行业。彼时，中国已投产的有 10 多家多晶硅企业、60 多家硅片企业、60 多家电池企业、330 多家组件企业。

不能不说，中国的光伏产业"墙内开花墙外香"。也是因此，施正荣在卖产品之前，总会先将其拿到欧洲和美国等地的国际权威机构进行认证。"这样产品一拿出去，外国人心中就有数了。"施正荣还在德国、日本、澳大利亚设立了三个海外研发中心，组建了一支有 400 多人的专业研发队伍，是当时世界同行中最大的技术团队。

而这与彼时我国尚未落实太阳能发电上网价格有很大关系。中国曾一直试图通过学习国外的屋顶计划来开拓国内市场。

屋顶计划是德国率先推出的。德国在 2000 个居民屋顶上安装太阳能

发电系统，取得了很好的效果。后来荷兰、日本也都相继推出了类似的计划。日本现已有为数不少的家庭安装了太阳能屋顶系统，而 2006 年日本政府结束了对屋顶系统的补贴，因为当时日本的光伏产业已经完全具备了和其他电源竞争的能力。

在中国，以金融中心上海为例，为配合世博会的召开，上海市在 2003 年筹备了一项叫作"十万屋顶计划"的工程，初步规划每户家庭的太阳能发电能力达 3000 瓦，这项工程完全投入使用将产生 30 万千瓦的电力供应。甚至有人畅想在 30 年后，把太阳能屋顶计划普及起来。

其实，光伏企业对光伏发电并入我国电网充满了憧憬，他们一直在追求光伏发电和火电成本持平。2009 年前，尚德、赛维 LDK 等 13 家光伏企业在洛阳通过了《洛阳宣言》，称要在 2012 年将光伏发电成本降至 1 元／千瓦时。现实更为乐观，2011 年已有企业宣称发电成本已经降至 0.8 元／千瓦时。

技术大拿对阵价格屠夫

今日看来，技术和价格恰恰是光伏行业发展中最为关键的两条脉络。南北双雄通过自己的努力，使中国光伏产业始终牢牢围绕这两条价值主线实现螺旋式上升。而彼时，技术大拿和价格屠夫免不了因自成一派而互相开战。

创业几年后，苗连生渐渐成为业内有名的成本杀手。2008 年 11 月，在国际金融危机爆发 1 个多月后，苗连生带领部下到井冈山誓师布阵。随后这个销售出身的老兵宣布将电池组件的售价从4.1美元/瓦降至2.98美元/瓦，点燃起中国光伏企业在欧洲市场价格战的导火索。

对此，施正荣在多个场合"怒其不争"："我们的本事就是降价。一降价，在欧洲、美洲市场就出现一片中国企业自相残杀的情形……任何产业都是这样子，为什么我们要重蹈家电行业的覆辙！""做示范项目将价格降低是可以的，如果长期这么做，哪家制造商能够可持续地发展？就算能发展，但无利可图，又怎样维系企业的投资和技术研发？"

苗连生不以为然，"要学会的灵活机动的战略战术"，他如此叮嘱海外销售人员。降价的同时，苗连生还派三位高管兵分三路进军欧洲，深入了解客户的想法并以此制定战略战术。到2008年年底，英利第四季度销售同比增长了54.8%，成为中国在华尔街唯一一家完成年初目标的光伏企业。

战火越烧越旺。2009年3月，北京一家酒店内旌旗雷动，当时国内最大的太阳能光伏电站——敦煌10兆瓦光伏电站项目在此招标（见图5-2）。如同3G给了中国通信业一试身手的机会，在海外市场鏖战的中国光伏企业终于可以在国内市场一决高下。国家发展改革委表态将以此项目确定光伏发电上网标杆电价，并确定放开的市场规模，同时亦是国内光伏发电补贴政策出台的重要依据。

国内光伏企业的第一梯队英利与国投电力、赛维LDK的百世德与中广核、尚德与中国节能的强强联合注定这场争夺战的精彩和激烈。在1.53元/千瓦时、1.44元/千瓦时、1.09元/千瓦时等报价声中，英利和国投电力报出的0.69元/千瓦时，打破了光伏发电项目竞标价格的最低纪

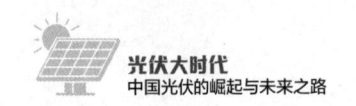

录，轰动业界，这个报价甚至让相关部委反思每年给光伏企业那么高的补贴是否必要。

图 5-2　国内首批大型光伏并网发电特许权示范项目敦煌 10 兆瓦光伏电站

"谁能做到 0.8 元 / 千瓦时还赚钱，我愿意拿出 1000 万美元！"2009 年 9 月召开的中国（无锡）国际新能源产业峰会上，施正荣公开叫板。

苗连生把发电价格从"地板价"降到"地窖价"直至"地狱价"，各种指责电话、媒体报道、网络发帖一时将他淹没在口水之中。苗连生依然保持"向我开炮"的战斗情绪，虽千万人吾往矣。"同行做不到，只能说明他们研发管理、成本控制做得不行！这种事总得有人当靶子，我们当时是想传递给政府和老百姓这样一个信息：太阳能发电的价格并非高不可攀。"

能有此底气，是因为苗连生"手里有粮、心里不慌"。早在 2007 年 9 月，他就已着手秘密筹建硅料厂。为防止供应商知道后发难，苗连生仿照红军长征时的叫法，给这个部门起名叫"筹粮处"。这个过程是保密的，在长达两年的时间里，企业所有红头文件都没有出现过这个部门。员工只知道许多国内外专家在"筹粮处"早进晚出,但没人知道"筹粮处"究竟在做什么。

苗连生办公室的墙上挂有一幅书法:"今日长缨在手,何时缚住苍龙。"在"拥硅者为王"的历史时期,有了自己的硅料厂,苗连生长缨在手。2009 年的德国汉堡光伏展会上,苗连生大手一挥,语惊四座:"全球行业内的价格制定权在我这儿,只要我英利不涨,谁也涨不上去。"

不过,值得一提的是,英利自建硅料厂及其激进的价格战略,成为其日后没落的重要原因之一。而这个硅料厂旧址,如今已成为保定万达广场所在地。繁华的商场背后,少有人知曾有这么一段故事。而苗连生多年以后也离开了自己创办的企业主体,带领一帮旧部,带着最初的情怀,继续做光伏相关业务。此为后话。

君子藏器于身,待时而动。只不过,苗连生藏的是价格,施正荣藏的是技术。

施正荣经常自嘲:"我只懂技术,办企业可以说是赤膊上阵。"在踏上国土的那一刻,除了怀揣 40 万美元,施正荣唯一的武器就是技术。尚德能快速开疆辟土,很大程度上仰仗施正荣在技术研发领域的知名度。

初到无锡,施正荣通过在当地的一次论坛上做的关于太阳能产业发展的报告,被无锡市政府领导当成千里马留了下来。经过一番考察,无锡市政府扶持施正荣成立了尚德,施正荣的技术股占 20%。他本来给自己的定位是公司的技术副总,无锡市政府却说:"我们就要让你这个科学家来当老板。"施正荣由军师变身最高将领,带领尚德逐鹿中原和海外。

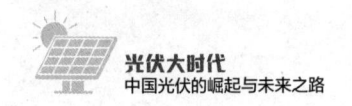

潘多拉魔盒

海外角逐背后，早期的中国光伏根基并不牢固，而是被"三头在外"的局面束缚。除了下游市场在外，我国的上游硅料、主要生产技术设备也都依赖国外。中国光伏，沦为处在微笑曲线底端的，世界光伏产业的代工厂。

悲壮的多晶硅大战，极端地凸显出"硅料在外"带来的弊端，也折射出我国解决这一弊端的惨烈征程。

2005年之前，因为起步晚、技术落后、缺少相关设备等诸多因素，美国Hemlock、德国瓦克、挪威REC、美国MEMC、日本德山、日本三菱、日本住友等国际七大厂商几乎垄断了全球所有的多晶硅产能。2001—2003年，世界多晶硅原材料的销售价格大致为：电子级多晶硅平均40美元/千克，太阳能级多晶硅平均不到25美元/千克。2004年以后太阳能级多晶硅价格不断上涨，全球市场突然爆发的需求造成其价格暴涨——2005年上涨到40美元/千克，2006年100美元/千克，2007年300美元/千克，至2008年太阳能级多晶硅价格已上涨至近500美元/千克。

为保障粮草，国内企业慌乱中纷纷与国外签订多晶硅供货协议。这样的协议为蹒跚成长的中国企业提供了一条快速壮大的粮草来源。但这种"汉匈和亲"式的协议不仅蚕食着中国企业的利润，产业还因粮草命脉依靠他人而备受挟持。

这一年，中国仅有1家多晶硅生产厂家。由于多晶硅市场的极大空白引发了国内企业蜂拥至产业上游，进入这个产业中资本攻坚竞争难度最大、成本最高的环节。多晶硅产业成为全国当时最热的新兴产业之一。

2005年，国内第一个300吨多晶硅生产项目在洛阳中硅建成投产。这一年成为中国多晶硅发展元年。2005年，我国多晶硅产量仅为60吨，2006年也只有287吨，到了2008年已经升至4100多吨，同比增长超过2.6倍。

而当2008年国际金融危机袭来时，不到一年，多晶硅的价格就从每千克近500美元陡然下降到40多美元，留下一地鸡毛（见图5-3）。

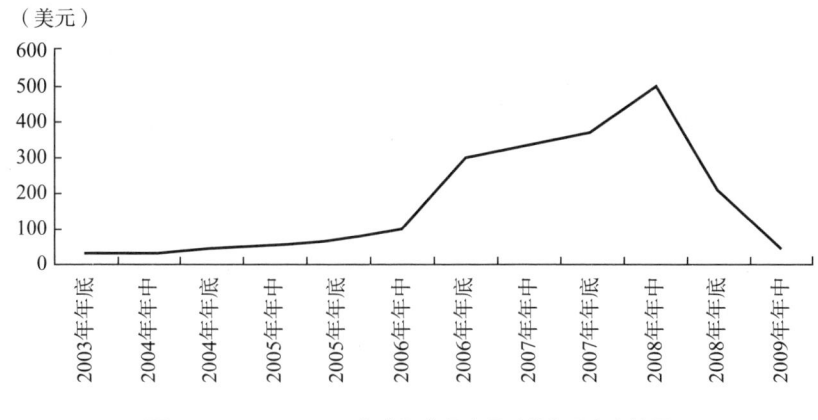

图 5-3　2003—2009 年太阳能级多晶硅价格历史走势图

过去的"和亲"绑住了中国光伏企业的手脚。在此次金融危机中至少有3/4的光伏企业倒闭歇业，其中因签订多晶硅供货协议倒塌的企业不在少数。与此同时，市场的风云突变，又让试图解决硅料依赖问题而新入局的多晶硅产业的企业被打得措手不及。

另外，当时国内的技术路线也处在模糊阶段。彼时业内专家还展开了晶硅电池和薄膜电池未来发展趋势的探讨。有专家指出，光伏产业未来的

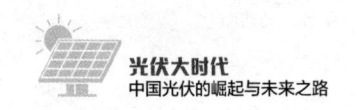

主导有望是薄膜电池。也有人认为,"聚光太阳能发电组件将会成为晶硅电池、薄膜电池的替代者"。总的来说,不少专家指出,薄膜电池可望大幅度降低材料消耗和成本,必定是光伏产业未来发展的方向,但很难马上实现产业化。至少未来 10 年内,光伏产业的主导还会是晶硅电池。而薄膜电池要成为主导取决于能否实现以下四点:转换效率达到 30%;成本低;原材料丰富;环境友好无污染。然而,中国光伏企业要实现这四点很难,尤其是转换效率这一点就足以卡死所有企业。

2010 年 11 月初,尚德在上海投产了一家新的晶硅电池厂。这家工厂原本是尚德用来生产薄膜电池的,尚德曾计划在 2010 年形成 400 兆瓦的产能。然而,2009 年尚德上海薄膜电池厂的产量只有 20 兆瓦,而同期尚德的晶硅电池的产量却高达 704 兆瓦。2010 年,施正荣索性改弦更张,把薄膜电池厂改成晶硅电池厂。英利也计划短期内不会涉足薄膜电池领域。

多年以后,时间证明薄膜电池在晶硅电池面前毫无招架之力。而在硅料和市场之外,设备是彼时的中国光伏更难补的一门课。

像青春期的孩子,彼时的中国光伏热情满满但也磕磕绊绊,前路迷茫但也充满想象。光伏的潘多拉魔盒中装着贪婪、迷茫、痛苦……好在,最后还有希望。

06 首富制造机

> 2005年，尚德成为中国内地第一家在纽约证券交易所上市的民营企业。施正荣成为新能源首富，英利的苗连生、赛维LDK的彭小峰等紧随其后。光伏成了中国最大的首富制造机之一。政策的加持，进一步增强了光伏的造富效应。

中国光伏产业初露峥嵘，成就了大批的优秀企业以及企业家。

那个时期，如果说有一个行业的造富能力能与互联网相媲美，一定是光伏。2005年12月，完成了私有化的尚德成为中国内地首家登陆纽约证券交易所（简称纽交所）的民营企业（见图6-1）。2006年1月13日，尚德收盘价为34.02美元，其董事长兼CEO施正荣也以23.12亿美元的身价成为中国首富。而这时，距尚德成立仅4年多时间。

作为光伏产业的领军人物，施正荣受到了媒体的关注，他被称为"中国光伏第一人"。的确，正是他让光伏这个陌生行业为大众所熟知，让国内光伏产业与世界水平的差距缩短了15年之多。

图 6-1　2005 年尚德登陆纽交所

施正荣的名声也传到了国外，英国《卫国》把他评为"能够拯救地球的 50 人"之一。他创建的尚德，也被美国华尔街称为"光伏界的微软"。

榜样的力量

从 2005 年开始，光伏像当年的互联网一样，以令人咋舌的速度孕育了一个又一个的英雄，以及他们传奇的财富故事。

这场由尚德掀起的造富神话在中国光伏领域持续发散。紧随其后，2007 年 6 月 8 日，总部位于河北保定的英利在纽交所上市（见图 6-2），融资 3.19 亿美元。苗连生也在这一天成为纽交所成立以来唯一一位在启动仪式上不打领带的企业家。他更愿意让西方社会就此记住，英利是中国的企业。

图 6-2　2007 年英利在纽交所上市

还是在 2007 年，总部位于江西新余的江西赛维 LDK 太阳能高科技有限公司的创始人彭小峰再次刷新富豪榜单，成为中国新能源首富。

2005 年，30 岁的彭小峰便已坐拥亚洲最大的劳保用品企业柳新集团，身家过亿，但他不甘心一辈子生产制服、手套、背心和鞋这样的低端廉价品。当年 5 月，他和江西新余一位官员聊到光伏，对方听说他想在苏州建厂之后，立刻将消息上报给了时任新余市市长的汪德和。

当过卷烟厂一把手的汪德和嗅到了商机，立刻约彭小峰见面。彭小峰说他想做一家世界级企业，需要启动资金 5 亿元，而他最多只能拿出 3 亿元，剩下的需要政府解决。当时新余市一年的财政收入才 18 亿元，全市银行的贷款权限加起来都没有 2 亿元，为了拿下这个项目，汪德和经过多方努力给彭小峰凑齐了这笔巨款。

这位比苗连生年轻 9 岁的企业家也没有辜负政府的信任，短短 2 年时间，赛维 LDK 就成了亚洲最大的硅片厂商，紧跟着尚德在美国上市，融

资 4.69 亿美元，并创造了当时中国企业在美国完成的最大规模 IPO 纪录。

赛维 LDK 也成为江西省第一家在美国上市的公司。一个月之后，赛维 LDK 就将 2 亿元连本带息如数还给了新余市政府，新余市也因此成了江西 GDP 增长最快的城市。

榜样的力量是无穷的。一时间，有一百多座城市提出要建设"千亿光伏产业园"，不少地方打出"光伏之都"或者是"新能源之都"的招牌。在服装加工企业密布的浙江嘉兴，早年流传着一种说法："织布十年，不如干光伏两年"；在小商品之都义乌，连生产袜子和内衣的浪莎都忍不住跨界而来。

一大批高悬新能源广告牌的光伏生产基地，在各条主要高速入口处宣扬着它们与众不同的身份。光伏产业成了最有前景的绿色产业。国家把光伏产业列入"十一五"规划之中，为了鼓励光伏产业发展，国家还给予了较高的补贴。

除了上述尚德、英利和赛维 LDK 等公司，从 2005 年到 2008 年短短几年内，晶澳、阿特斯、天合光能、中电光伏、昱辉阳光、东营光伏、江苏浚鑫科技等一批中国光伏企业赴海外上市。

积极扩张

光伏行业一时风光无二，创造财富能力一鸣惊人。相应地，中国光伏产业在全球的发展突飞猛进。

一般情况下，企业发展过于顺利或过快，就会导致企业家进行多元化布局。多晶硅掣肘成为第一批光伏企业家进行多元化布局的最好理由。

如前文所述，彼时多晶硅产能多由国外企业控制。面对多晶硅缺货潮，施正荣选择双管齐下。一方面，尚德于2006年与美国多晶硅巨头MEMC签订50亿～60亿美元的多晶硅合同，合同期为十年。次年，尚德又与另一家美国多晶硅巨头Hoku签订6.87亿美元的供货合同。

在中国河北，在3年供硅合同因市场价格被外企单方面撕毁后，英利苗连生决定不能再受制于人。2007年9月26日，一个叫"筹粮处"的机构在英利工业园悄然成立，苗连生为此挖来了19位跨国专家。上文讲过，这家日后挂牌为"六九硅业"的机构给了苗连生足够的底气，在2009年甘肃敦煌一个10兆瓦的光伏电站特许权招标时，英利报出了0.69元/千瓦时的超低价，而彼时行业内的平均发电成本为2～3元/千瓦时。苗连生说："谁掌握了成本竞争的优势，谁就掌握了新能源的未来。"

虽然，苗连生意气风发上马硅料振奋了一大批业内人士，但他也因此饱受争议。后来，英利报出的0.69元单价也并未执行，当时那个项目最后由赛维LDK的百世德与中广核联合体中标，且按照1.09元/千瓦时价格执行。国投电力接到甘肃省发展和改革委员会的通知，获得另一个在敦煌开发建设10兆瓦光伏并网发电示范项目的开发权，上网电价亦为1.09元/千瓦时，最后采用的仍是英利的光伏组件。国投电力这一项目于2009年12月正式并网。

英利的0.69元报价虽然并未中标，但是"六毛九"已经成为英利的代名词，"六九硅业"也因此得名。

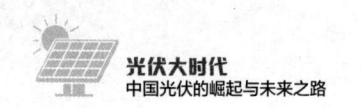

在中国江西，赛维 LDK 募集的 4.69 亿美元也给了彭小峰新的斗志。2008 年，彭小峰带领赛维 LDK 开始了扩张之路，立志向产能世界第一的太阳能多晶硅片供应商进军。同时，面对高价硅料带来的诱惑，彭小峰决定在新余市马洪村投资 120 亿元，建设一条万吨级的硅料生产线。

这段时间，光伏不仅壮大了创业者的野心，也得到了国家政策的支持。而国家政策的支持，又继续增加了入局者的信心。

其实，在中国光伏发展进程中，包括补贴在内的政策支持扮演了非常重要的角色。从 2005 年尚德赴美上市，到 2007 年我国第一条千吨级多晶硅生产线建成，以及现在光伏企业在国内外大放异彩，很多企业在发展前期皆依靠政府强有力的资助得以顺利成长壮大。

当然，毕竟这些年轻的企业根基不牢，尚未经历过大风大浪的洗礼。加上"三头在外"的格局，也为日后 2008 年国际金融危机导致的行业大洗牌埋下了伏笔。

07 金融危机

> 2008年国际金融危机打破了全球光伏行业突飞猛进的发展势头，许多国家对光伏的支持政策骤然发生变化，中国光伏行业和企业迎来了第一次危机。这次危机也决定了当时一种迅速崛起的明星光伏企业的命运。

2008年，是中国光伏行业最重要的分水岭之一。

对于光伏行业来说，这一年发生了两件大事：其一，在国际金融危机的冲击下，欧盟不得不降低政策支持力度，这直接导致占据中国光伏龙头企业主要收入来源的欧洲市场开始萎缩；其二，随着市场需求的疲软，2008年年底多晶硅价格开始下跌，尤其是进入2009年，多晶硅价格开始迅速暴跌，在不到一年的时间里，从鼎盛的近500美元/千克跌至40美元/千克，甚至20美元/千克。

这两件事深远影响了中国光伏产业今日之格局。中国光伏企业经历了第一次真正意义上的危机和洗礼。

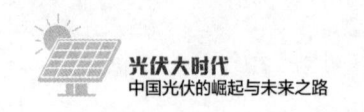

国际市场收缩

2008年9月,中国光伏企业在欢度中秋佳节后,正准备借着西班牙市场的扩容和中国光伏政策变热的大好局面大干一番,不想竟迎来中国光伏产业发展史上的第一次真正意义上的大危机。

这场由"次贷危机"带来的"金融海啸",对之前欣欣向荣的光伏产业造成了巨大影响。

当时,中国光伏的海外市场大致可以分为三个区域:

首先是欧洲。2004年,德国政府对《可再生能源法》进行了修改,推动了全球光伏产业的发展。光伏产业在德国得到迅猛发展后,带动了西班牙、意大利等欧洲国家对光伏产业的支持。而中国光伏企业在欧洲占据了相当份额的市场。不仅如此,经历了退货事件和TUV等认证门槛后,中国的光伏企业已经越来越重视产品的质量,尚德、天合光能等一批中国光伏企业在欧洲市场树立了中国光伏产品的形象。彼时,欧洲是中国光伏企业最重要的市场,也是全球光伏产业的中心。

其次是日本。日本作为传统的太阳能利用大国,很早就开始采取补贴方式推动太阳能利用,光伏产业也比较发达。但日本市场相对封闭,外来企业很难占据市场,因此尚德在2006年并购了日本最大的光伏组件制造商MSK,期望能够占据日本市场。

最后是美国。美国在晶硅电池方面发展较慢,更倾向于使用非晶硅薄膜电池和热发电等其他技术,如作为美国公共事业企业,太平洋天然气与电力公司同本土光伏巨头SunPower和OptiSolar签订的当时最大太阳能电站项目，总安装量达 800 兆瓦，其中由 OptiSolar 承接的 550 兆瓦全部采用非晶硅薄膜电池。

但是国际金融危机改变了主要国家对光伏产业的态度。例如，当时拥有全球最大光伏市场的西班牙在 2009 年设置了 500 兆瓦光伏电站建设规模的上限。德国政府也开始倾向于提升每年补助的租税降幅，从以往规定每年降 5% 提升到降 7%。

事实上，全球光伏产业发展当时主要依靠欧美各国政府出台的一系列补贴政策，在当时国际金融危机的压力下，各国政府急需资金应对危机，对光伏产业的补贴力度只能有所减弱。此外，随着国际金融危机的持续恶化，新能源产业的成长空间被油价下跌抵消得非常严重，新能源的替代价值缩水。

此外，国际金融危机持续发酵，欧元大幅贬值，使得本来处于淡季的光伏产业受到严重打击。而当时中国经过数年的发展已经成为全球最大的光伏组件生产国。2008 年全球光伏电池总产量达 6850 兆瓦，我国光伏电池总产量为 1780 兆瓦，约占全球总量的 26%。从市场占有率来看，中国光伏电池厂商的市场占有率逐年提升，2007 年中国光伏电池厂商市场占有率由 2006 年的 20% 提升至 35%，2008 年则更进一步大幅提升至 44%，连续两年成为世界第一。

在当时的汇率下，利润低下的中国光伏组件企业已毫无盈利空间可言，生产基本处于停滞状态。迫于这种压力，光伏组件企业纷纷要求修改已签订的供应合同。有人笑言，欧元贬值催生了一个新的职业——改单员。下游组件行业的窘境连带了上游市场的疲软。国内各大光伏企业，均

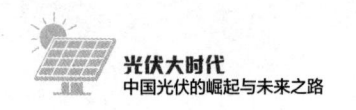

不同程度地关闭了一部分设备甚至开始裁员。

国家开发银行江苏分行两位职员当时做过调研，国际金融危机发生后，江苏光伏企业中至少 50% 的中小型企业面临停产压力，而规模相对较大的企业也出现了订单减少、压产保利、裁员放假等情况。

硅价催命符

在所有的负面影响中，硅价暴跌成为压垮很多光伏企业的最后一根稻草。

从 2006 年到 2008 年，仅仅几年时间，伴随着光伏产业的沸腾，由国外巨头垄断的多晶硅价格从 22 美元 / 千克暴涨至近 500 美元 / 千克。

如前文所述，为锁定价格，我国当时最大的光伏生产制造商尚德与多家国际多晶硅巨头签订了高昂的采购合同。施正荣坚持认为，多晶硅价格 10 年内不会跌破 100 美元。但是，硅料的价格跟施正荣开了个巨大的玩笑，从 500 美元一下子下降到 50 美元，然后又从 50 美元下降到 20 多美元。

作为龙头企业，尚德的决策在当时的环境下似乎无可厚非，但不幸的是，这成为其倒下的加速器。

2008 年冬天来得比往年更早，国际金融危机随着冬天的冷风进一步蔓延。在 2007 年第四季度道琼斯指数开始下跌时，尚德的股价依然强劲冲高，由 35 美元上涨至接近 90 美元，但从 2008 年开始，其股价跌幅远远超过大盘，一度跌至 5 美元。

尚德 2008 年实现销售收入 19 亿美元,同比增长 43%,但其毛利率却由 2007 年的 13% 下降到 2008 年的 9%。2008 年 11 月下旬,尚德发出预亏公告,施正荣开始带领尚德减产、裁员,并且缓聘 2000 名新员工。

随着时间的推进,这种情况并未获得好转。尚德 2010 年的主营业务收入为 189.13 亿元,主营业务利润为 34.1 亿元,主营业务利润率为 18%。至 2011 年,尽管尚德的主营业务收入规模扩大至 202.67 亿元,但公司的主营业务利润却大幅下降,仅为 18.34 亿元,主营业务利润率下滑至 9%。

尚德开始两头受压:早年锁定的远期硅价很高,而生产的太阳能产品价格却越来越低。外部的寒冷使内部的虚弱无处遁藏,尚德资金链紧绷问题浮出水面。

起初,由于投产就能挣钱,迅速带来 GDP,政府和银行都曾大力支持当地光伏产业。2009 年年初,国家开发银行江苏分行和中国银行无锡分行共同向尚德提供了 2 亿美元的贷款。尚德的银行贷款从 2005 年年末的 0.56 亿美元攀升至 2011 年年底的 17 亿美元,暴增近 30 倍。

另一个巨头赛维 LDK 在上市之后也曾迎来一段狂奔期。到 2008 年第一季度结束,赛维 LDK 签订下 6 笔大单,交货期直接排到了 2018 年,订单总量超过 13 吉瓦,相当于当年全球光伏装机容量的两倍,又过了一个季度,赛维 LDK 硅片产能和销量正式超越挪威多晶硅巨头 REC,拿下世界第一的桂冠。

发展速度之快令人咋舌,而这离不开其外部宽松的融资环境和资本策

略：用钱换时间，以最快的速度火速打赢闪电战。赛维 LDK 的一位前员工曾说："我们买断了供应商 70% 的产能，这就意味着，别的企业想进入这个行业，最多只能拿到另外 30% 的产能。也就是说，这一年它永远也赶不上赛维 LDK。"

赛维 LDK 对于"第一"有着近乎宗教般的执着，仅仅是硅片老大并不能满足野心，它的目标是缔造一个打通全链条所有环节的帝国，其中难度最大、利润最丰厚的当属硅料生产，也是整个产业的命脉所在。

为了摆脱"等米下锅"的窘境，2008 年年初，赛维 LDK 投资 120 多亿元在新余市马洪村建设 1.5 万吨的硅料生产线。当时，全球硅料价格被炒到近 500 美元/千克的历史最高点，而马洪工厂的设计成本仅为 30 美元/千克左右，如果能顺利投产，意味着赛维 LDK 将拥有一台印钞机，彭小峰也将成为整个产业的颠覆者。

然而，随着国际金融危机爆发，光伏需求急剧萎缩，产品价格暴跌。原本投产一年就能回本的马洪工厂，资金链瞬间紧张起来。

赛维 LDK 和尚德同时走上了一条艰难的道路。

对于全行业来说，很多企业跟风现象严重，看到光伏形势大好便盲目涌进，间接造成了成本上升。而对于这次前所未有的挑战，这些企业根本没有思想准备，被打得措手不及，盲目抛售，因此加剧了多晶硅价格的下滑和资金链的紧张。

这场危机后，光伏产业也迎来第一次真正的大洗牌，企业纷纷采取应对策略，来抵御突如其来的冬天，大部分企业都出现不同程度的裁员，或者实行无薪轮休,同时紧缩规模,剔除利润率低下、缺乏市场竞争力的环节。

一部分企业的资金链断裂,无奈之下只得倒闭。还有一部分企业谨慎收缩,保住了火种,并在日后实现绝地重生。

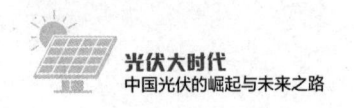

08 应对之策

> 2008年国际金融危机的爆发，给我国光伏企业造成了重大打击，也直接促进了我国政府部门开始考虑出台对光伏产业下游应用领域的支持政策。其中"金太阳"工程给尚且弱小的行业提供了宝贵的扶持。

2008年国际金融危机的爆发，间接启动了我国从更高层面思考对光伏产业的支持政策。

2009年之前，虽然我国光伏产业发展迅猛，但一直是"三头在外"的格局，尤其是下游光伏电站应用市场规模较少。

在2009年召开的哥本哈根联合国气候变化大会上，我国政府正式对外宣布：在2005年的基础上，到2020年中国单位GDP二氧化碳排放将比2005年下降40%~45%；非化石能源占一次性能源消费比重达到15%左右；森林蓄积量比2005年增加13亿立方米。

这给国内应用市场带来了曙光，也给企业、投资机构和地方政府增强了信心。

从地方到中央

2008 年国际金融危机之后,江苏省作为我国光伏产业聚集地,率先出台对光伏产业的支持政策。2009 年 6 月,江苏省政府正式发布《江苏省光伏发电推进意见》,计划对光伏发电实施固定电价政策,对光伏发电与燃煤发电上网电价之间的差额进行补贴。

从补贴强度上看,2009 年、2010 年和 2011 年,江苏地面光伏并网电站目标电价分别为 2.15 元 / 千瓦时、1.7 元 / 千瓦时和 1.4 元 / 千瓦时。从补贴规模上看,2009 年,江苏省内计划建成光伏并网发电装机容量 80 兆瓦;2010 年,省内计划新增光伏并网发电装机容量 150 兆瓦,装机容量达到 230 兆瓦;2011 年,省内计划新增光伏并网发电装机容量 170 兆瓦,装机容量达到 400 兆瓦。

虽然这属于地方政策,但还是大幅提升了光伏企业的信心。对于深陷国际金融危机中的光伏企业而言,犹如冬天里的一把火。

除了地方政府,中央也从产能控制、应用市场启动等多个层面,积极出台对光伏产业的支持政策。

2008 年国际金融危机发生后,多晶硅价格出现暴跌,国内多晶硅企业深陷困境。多晶硅是信息产业和光伏产业的基础材料,属于高耗能和高污染产品。当时从生产工业硅到光伏电池全过程综合电耗约 220 万千瓦时 / 兆瓦。2008 年我国多晶硅产能 2 万吨,产量 4000 吨左右,在建产能约 8 万吨,产能已明显过剩。我国光伏发电市场发展缓慢,国内光伏电池 98% 用于出口,相当于大量输出国内紧缺的能源。

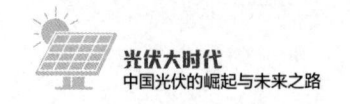

2009年9月，国务院批转国家发展改革委等十部门《关于抑制部分行业产能过剩和重复建设引导产业健康发展的若干意见》，针对多晶硅提出：

> "研究扩大光伏市场国内消费的政策，支持用国内多晶硅原料生产的光伏电池以满足国内需求为主，兼顾国际市场。严格控制在能源短缺、电价较高的地区新建多晶硅项目，对缺乏配套综合利用、环保不达标的多晶硅项目不予核准或备案；鼓励多晶硅生产企业与下游光伏电池生产企业加强联合与合作，延伸产业链。新建多晶硅项目规模必须大于3000吨/年，占地面积小于6公顷/千吨多晶硅，太阳能级多晶硅还原电耗小于60千瓦时/千克，还原尾气中四氯化硅、氯化氢、氢气回收利用率不低于98.5%、99%、99%；引导、支持多晶硅企业以多种方式实现多晶硅—电厂—化工联营，支持节能环保太阳能级多晶硅技术开发，降低生产成本。在2011年之前，淘汰综合电耗大于200千瓦时/千克的多晶硅产能。"

"金太阳"工程启动

相比对多晶硅产能的控制，上述意见中提出的"研究扩大光伏市场国内消费的政策"，影响力更深。

作为当时对我国光伏产业支持力度最大的政策，2009年7月16日，财政部、科学技术部、国家能源局联合发布《关于实施金太阳示范工程的通知》，决定采取财政补助、科技支持和市场拉动方式，加快国内光伏发电的产业化和规模化发展，并计划在2~3年内，采取财政补助方式支持不低于500兆瓦的光伏发电示范项目。

按照"金太阳"工程政策规定，由财政部、科学技术部、国家能源局根据技术先进程度、市场发展状况等确定各类示范项目的单位投资补助上限。并网光伏发电项目原则上按光伏发电系统及其配套输配电工程总投资的50%给予补助，偏远无电地区的独立光伏发电系统按总投资的70%给予补助。

这意味着，我国当时采取了此前在日本推行的补贴方式，而非德国推行的补贴方式。

上述补贴方式正是业界所熟知的"事前补贴"方式，即项目投资方在项目开建之前拿到补贴。"事前补贴"并非不行，比如在日本就取得了成功，但是这一政策施行的前提之一是社会信用体系的完善和成熟。

当时，"金太阳"工程虽然对投资商所采用的光伏组件、蓄电池、逆变器等主要设备做出了必须通过国家认证机构认证的规定，但对光伏电池的转化效率没有硬性规定，也没有质量考核标准和验收及后续监督程序。

这便意味着，"金太阳"工程的门槛很低，只要能拿到电网和屋顶路条，就可以去申报，成功后就能拿到一大笔补贴资金。当时很多企业蜂拥而上，拿到路条的人，如同中了大奖，而中奖概率还很高。

"金太阳"工程在光伏发展史上有非常重要的地位。当时，全球光伏等新能源处于大发展阶段，"金太阳"工程的出现加速了中国光伏产业的发展，正如《关于实施金太阳示范工程的通知》所明确的那样，"金太阳"工程的出现就是"为促进光伏发电产业技术进步和规模化发展，培育

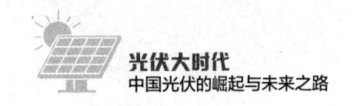

战略性新兴产业"。

有业内人士更是认为："如果我们没有做'金太阳'工程，国内屋顶光伏市场可能现在还是一片荒漠，'金太阳'工程也为分布式能源的发展积累了经验。"

截至2008年年底，我国光伏发电累计安装总容量仅有257兆瓦。而在2009年"金太阳"工程展开后，共审批通过6批"金太阳"工程项目，9000多个项目入榜。可见，"金太阳"工程仅用5~6年时间完成的光伏规划建设规模是中国之前近半个世纪完成规模的数十倍。

2009年"金太阳"工程开建以来，其审批通过的项目总量仍在不断增加，从2009年的642兆瓦，迅速跃升至2012年两批总和的4539兆瓦。2009年我国新增光伏装机容量为105兆瓦，同比增长40%，2010年继续新增138兆瓦，截至2010年年底我国光伏电站总装机容量升至500兆瓦。

"金太阳"工程让中国光伏产业在全国迅速推广开来。经总结，四年审批通过的"金太阳"工程项目遍布全国各省市。很显然，这在一定程度上让大众认识了"光伏为何物"。

在广袤的西部边疆，"金太阳"工程被当成香饽饽，那里的人们甚至表示，即便没有补贴款，自己出钱也要把"金太阳"工程项目保住。在这里，外电送不进来，只能自发自用电。高原上虽然没有电网，但是光照充足，所以"金太阳"工程项目特别受欢迎，基本能够满足人们日常生活用电，而且当地的基础设施建设，比如手机的基站等，都是用光伏提供电力。

"金太阳"工程的反思

然而，随着"金太阳"工程项目不断扩张，许多项目却成了一堆被闲置无用的面子工程。大笔的补贴资金要么荒废，要么进了投机者的腰包。在光伏企业热烈地追捧下，跑项目、骗补贴、拖工期、以次充好等各种关于"金太阳"工程的争议随之产生。

诱惑在前，为了获得更多利益，有的企业甚至采购劣质材料进行建设，"反正建成后发不发电也没人管，工程摆在那里，有人来查，咱这有实物在，不怕查。这样一来，整体建下来，补贴资金都用不完"。有申请者如是说。

数据印证了这一现象。2012 年 5 月，当时国家电网经营区的四批 354 个"金太阳"工程项目，只有 157 个提出接入前期申请，占比仅为 44%。2010 年，财政部曾宣布取消 39 个"围而不建、以次充好"的项目。而且，同年，将关键设备招标方式由项目业主自行招标改为国家集中招标。随后在 2011 年 6 月，又将政府集中招标改为由业主单位自主采购。

面对突如其来的"暴利"政策，企业感到惊喜的同时，也有一肚子的苦水。一些企业主表示，按照规定，"金太阳"工程项目的建设周期原则上不超过一年，"项目工期太短，很少有人来得及好好做。而做一个'金太阳'工程项目，需要跑几十个审批，盖几十个章，整套程序下来得需要大半年。经常发生的情况是，一些项目没做好前期的可行性研究和规划，就冒失地进入了'金太阳'工程的名单，这就造成企业在施工过程当中很可能屋顶会出现问题，而为了保证工期，难免会催生豆腐渣工程。"

经过近 4 年的发展，政府显然也意识到了"金太阳"工程存在的缺

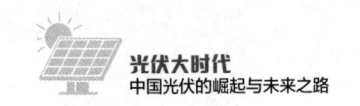

陷。2013年3月，财政部决定不再对"金太阳"工程进行新增项目审批。2013年5月，财政部下发《财政部关于清算金太阳示范工程财政补助资金的通知》，要求对各省、直辖市、计划单列市，2009—2011年"金太阳"工程财政补助资金进行清算，其中关于"没有按期完工的项目，要求取消示范工程，收回补贴资金；没有按期并网的项目，则会被暂时收回补贴资金，待并网发电后再来函申请拨付"的规定更是被业界看成了"金太阳"工程被废止的标志。

此通知一出，便打乱了"金太阳"工程利益链条上各家企业曾经的小算盘，业界一片哗然。有业内人士担心，政策急刹车或将引发违约潮。有公开数据显示，在2009—2011年的"金太阳"工程项目中，近八成的装机容量，财政部要求收回补助资金，总金额可能超过70亿元。

不过整体来看，"金太阳"工程已经带动了光伏市场，对于推动我国光伏产业的发展功不可没。

在"金太阳"工程启动后，2010年6月，国家发展改革委又发布"光伏并网发电特许权项目招标"公告，计划在陕西、青海、甘肃、内蒙古、宁夏和新疆进行13个项目共计280兆瓦的光伏并网发电特许权项目招标。2010年12月，科技部、财政部、住房和城乡建设部、国家能源局四部门联合公布13个光伏发电集中应用示范区项目名单。

纳入战略新兴产业

在出台"金太阳"工程的同时，国家当时已经从更高层面思考光伏的战略地位。

2009年9月，国务院召开了三次新兴战略性产业发展座谈会，邀请47名中科院院士和工程院院士，大学和科研院所教授、专家，以及企业和行业协会负责人，就新能源、节能环保、电动汽车、新材料、新医药、生物育种和信息产业七个产业的发展提出意见和建议，在随后公布的会议公告中，该七大产业被表述为"战略性新兴产业"。

时任国务院总理温家宝在座谈会上指出，国际金融危机对世界经济的影响是深远的，对中国经济发展既带来机遇也带来挑战。当今世界，一些主要国家为应对这场危机，都把争夺经济科技制高点作为战略重点，把科技创新投资作为最重要的战略投资。这预示着全球科技将进入一个前所未有的创新密集时代，重大发现和发明将改变人类社会生产方式和生活方式，新兴产业将成为推动世界经济发展的主导力量。

他认为，发展新兴战略性产业，是中国立足当前渡难关、着眼长远上水平的重大战略选择，既要对中国当前经济社会发展起到重要的支撑作用，更要引领中国未来经济社会可持续发展的战略方向。

2010年10月，国务院发布的关于加快培育和发展战略性新兴产业的决定中，正式将新能源列为七大新型战略产业之一，并且针对太阳能产业提出，"加快太阳能热利用技术推广应用，开拓多元化的太阳能光伏光热发电市场"。

在国内外多重政策支持下，2010年全球光伏市场再次迎来爆发。这一年，中国新增光伏装机容量达50万千瓦，大幅增长284.6%；全球太阳能光伏安装量也达到了创纪录的1820万千瓦，比上年增加了139%。

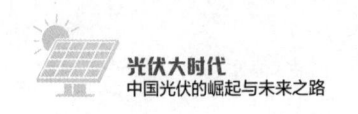

09　接踵"双反"

> 2012年5月17日，美国商务部公布反倾销初裁决定，英利、尚德、天合光能等被征收超过30%的反倾销税，未应诉中国光伏企业的税率高达249.96%。随后，欧盟也发布了对中国光伏企业的"双反"调查。

2008年国际金融危机并未能摧毁中国的光伏产业，相反，中国光伏企业家们越挫越勇。另外，也正是国际金融危机倒逼中国光伏提升竞争力，降低成本和销售价格，才引发对海外同行的冲击，进而招致欧美"双反"的打击。

2010年，我国光伏电池产量约为10吉瓦，占全球总产量比重进一步提升至50%，出口额达到202亿美元；电池组件产能和电池组件产量分别达21吉瓦、8.7吉瓦，都达到全球总产量的50%左右；多晶硅产能达8.5万吨，产量为4.5万吨，同比增长了100%。2007—2010年，我国光伏组件产量连续4年位居世界第一。

中国光伏企业凭借艰苦创新以及物美价廉的优势打开海外市场，彻底惹怒了海外光伏巨头。2011年10月，德国光伏公司Solar World美国分公司及其他 6 家美国公司，匿名向美国商务部和美国国际贸易委员会提起调查申请，要求对中国 75 家光伏企业出口到美国的产品进行反倾销和反补贴调查，并采取贸易限制措施。

事实上，这未能阻挡海外光伏制造商的颓势。6 年后，昔日的德国光伏巨头 Solar World 宣布破产。此为后话。

美欧接连对中国光伏企业发起"双反"

当时，美国是中国光伏企业出口的第二大市场。2011 年中国出口到美国的光伏产品约 19.5 亿美元。2011 年前三季度，我国的尚德、英利、天合光能和阿特斯四家光伏企业向美国太阳能最大出口商出口的产品数量已经分别达到总量的 19%、14%、20%、10%。

在当地企业的要求下，2012 年 3 月，美国商务部发布对中国输美光伏电池征收 2.9%~4.73% 的反补贴税初裁结果。同年 5 月，美国商务部继续公布反倾销税初裁税率基本设定在 31% 左右。此次公布的反倾销税将会叠加在反补贴税之上。

紧接着，2012 年 7 月，欧洲光伏制造商向欧盟提起对华"反倾销"调查申请。2013 年，欧盟首次对中国光伏生产进口商采取了反倾销和反补贴措施。自那年起，中国出口到欧洲的光伏产品被征收高达 64.9% 的税率。

在深陷欧债危机的欧盟接受企业申请"反倾销"调查几个月后，2012 年 11 月，美国贸易仲裁委员会公布了对中国光伏产品"双反"的终裁结

果：以 6 票全部赞成通过了此前美国商务部的裁决，美国将对中国产晶体硅光伏电池及组件征收 18.32% 至 249.96% 的反倾销税，以及 14.78% 至 15.97% 的反补贴税。

这也成为刚刚在美国总统大选中获得连任的奥巴马给中国送来的一份"厚礼"。美国对中国光伏行业进行"双反"调查，对输入美国的光伏产品征收重税，加剧了中国光伏企业的困境——过剩产能得不到消化，长期发展战略也受到一定的影响。

美国商务部意图十分明显——美国经济复苏放缓，美国政府通过贸易保护政策，希望以制造业带动工业复苏，以此带动经济走出阴霾。美国还有另一个意图。当年是美国大选之年，美国政府希望通过中美贸易战等问题来转移国内民众注意力，掩盖国内各种问题。彼时，美国还对中国输美汽车零配件行业进行了贸易调查，刻意制造贸易摩擦，抵制中国出口产品。

高层过招

对于美方此举，包括中国商务部在内的各部门和行业协会以及企业对此均给予了回应。

中国机电进出口商会发布公告称，美国商务部在反补贴调查程序上显失公平，其对于美国申请人的新项目申请，足足给了 3 个月的时间考虑是否立案，却仅仅给予中国光伏产业 17 天的时间回答问卷。

在美国和欧盟先后对中国光伏产品施加高额的反倾销和反补贴税后，中国也宣布对欧美光伏产品进行反倾销和反补贴调查。

当时，我国光伏企业的发展壮大之路走得更像是代工路线，多晶硅原料大多从欧美进口。中国的应对之策便是展开对国外多晶硅的调查和制裁。如此一来，欧美的"双反"制裁的负面影响传导到了本土企业。美国昔日多晶硅巨头 SunEdison 于 2016 年宣告破产，很重要的一个原因就是美国对中国光伏"双反"引发的后遗症。此为后话。

多年以后，事实证明，欧美国家当时对中国光伏发起的"双反"政策不仅未能扼杀中国光伏企业，反而对自身光伏产业造成反噬。欧美对中国光伏产业的联合绞杀，也使欧美光伏企业同时失去了中国这个庞大的市场，其国内市场不足以支撑整个光伏产业发展壮大。大量欧美生产原材料的光伏企业纷纷破产，一些掌握技术的公司甚至关了美国工厂，转移到东南亚生产多晶硅。

中国商务部当时表示，通过对话和磋商解决贸易争端是中方一贯的立场，对光伏产品贸易摩擦的态度也是如此。美欧对中国光伏产品接连采取"双反"措施，严重扰乱了全球光伏产业链的发展。

从另一个角度来看，我国对欧美光伏产品原材料的反击，把国内市场留给了中国光伏企业，这是后来我国光伏产业尤其是硅料产业能够逆境翻盘的重要基础。

对于欧洲，我国的应对之策取得了积极成效。2012 年 8 月，中国酒业协会就针对进口葡萄酒向商务部提出反倾销调查申请，当时商务部受理此申请，但并未正式立案启动调查。直到欧盟对华光伏征税案被通过，商务部对进口葡萄酒反倾销的调查才再次被提及并最终得以立案。

当时，欧盟 2013 年对中国光伏产品"双反"调查涉案金额高达 200 多亿美元，是中国产品到当时为止遭遇的最大规模的一起贸易摩擦案件。但中欧双方本着互利共赢的原则，通过积极对话和磋商，最终达成了"价格承诺协议"。这充分表明，只要摩擦的双方有足够的诚意，是有智慧、有能力管控好贸易摩擦的。

中国企业积极应对

当时，欧洲是中国光伏产业最大的出口市场，占 70% 左右，美国占 10% 左右，一时间，所有企业如临大敌。

2011 年 11 月，应对美国太阳能产品"双反"调查的新闻发布会在北京举行（见图 9-1）。作为当时国内头部四家光伏企业负责人，英利的苗连生、尚德的施正荣、天合光能的高纪凡、阿特斯的瞿晓铧罕见地并肩而坐。美国"双反"让他们成了战友。

图 9-1　2011 年 11 月 29 日，中国企业召开应对美国太阳能产品"双反"调查新闻发布会

发布会结束后，施正荣站在人声鼎沸的会场中接受媒体记者的追问，满脸愁容。尽管施正荣那时仍表示对行业有信心，但往日的坚定和信心已然不再。

相比之下，数年前，施正荣在会场也被媒体包围，但那时的施正荣是英雄和偶像，是行业的领袖，媒体的追问中充满期待，施正荣的回答也充满向往。而这一次，人群似乎有些压抑。

"双反"已无可避免。中国光伏厂商被迫采取三种应对方式：以中国本地产能缴纳 30% 左右的关税；购买中国台湾税率最低的茂迪电池，至第三地封成组件，当时茂迪的税率为 11.45%；购买第三地电池，并在第三地封装成组件，无须缴纳关税。

由于此次裁定认为组件原产国为电池制造国，故此次裁定后中国大陆厂商为应对"双反"制裁，大多转移至台湾地区生产电池。

很快，美国发现了这一政策"漏洞"，并于 2014 年启动第二次"双反"。其中提到，除 2011 年"双反"调查涉案产品外的其他光伏晶硅电池、组件（用第三国或地区电池片加工），对来自中国台湾的光伏产品发起反倾销调查。这迫使中国光伏企业继续转战成本较低、且位置最近的东南亚地区布局产能从而出口美国。

此后，美国政策"围堵"持续加码。2018 年 1 月，时任美国总统特朗普确认通过"201 法案"（美国《1974 年贸易法》第 201—204 节的有关规定），将对光伏电池片组件在既有反倾销与反补贴税率基础上增加 201 关税，税率 30%，未来 4 年每年递减 5%，每年有 2.5 吉瓦的进口电池片

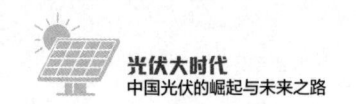

或组件拥有豁免权。

"301条款"调查（《1988年综合贸易与竞争法》第1301—1310节的全部内容）则为我们熟知的中美贸易战，2018年8月终裁的该调查提出对中国2000亿贸易额产品加征关税，其中对光伏的影响涉及组件、逆变器、接线盒、背板等全产业链产品，税率为25%。

2021年，美国政策继续围堵。先是"201法案"延期，继而提出涉疆制裁。如今，中国大陆产的电池组件出口美国需要面对"'双反'+'201法案'+'301条款'"等关税组合，而东南亚产的电池组件出口美国则只需征收201关税。

因此，由于高昂的税率，中国大陆产的光伏产品如今早已不直接出口美国。主要企业每年也仅会象征性出口几兆瓦，以保持记录让美国商务部年度审查，维持单独税率。

一份第三方研究机构的数据显示，2012年12月，美国首次对华晶体硅产品实行"双反"制裁，对华光伏企业征收18.32%~249.96%的反倾销税、14.78%~15.97%的反补贴税，两税合并扣除10.54%的出口补贴后，其中尚德和天合光能的合并税率分别为35.97%和23.75%，其余59家应诉企业合并税率为30.66%，非应诉企业的合并税率超过250%。

这一年，也正是尚德成立十周年。尚德这一年先后传出令人震惊的事件，先是与美国硅片大佬MEMC公司解约并赔偿2亿美元，之后是全年净亏损10亿美元，紧随而来的是裁员和多位高管离职。

这一年，尚德市值也随之蒸发了60%。之后尚德每天都陷入严重亏损状态，且欠下了数额巨大的债务。到 2013 年时，尚德电力已经到了濒临破产的地步。

除了尚德，曾经的光伏巨头赛维 LDK、英利等企业，也在艰难中求生。

中国光伏产业的发展历程，几乎是一部不断被"双反"和贸易管制的血泪史。短短 10 多年的发展时期，接连受到欧盟、美国、印度等国际主流光伏市场的贸易管制。然而凭借庞大的国内市场和企业家精神支撑，我国光伏企业硬是在逆境之中不断成长，降低成本，在制造端和应用端都登顶全球第一，成为国内为数不多的在国际市场上有较大优势的产业之一。

而回望来路，欧美国家的"双反"等贸易措施并没有打造双赢的局面，对中国长期进行"双反"的欧盟，其光伏产业不但没有发展起来，反而在"双反"政策下不断衰弱。

2018 年 9 月，欧盟对我国光伏产业长达五年的"双反"终于结束，我国与欧盟正式恢复光伏正常贸易。

欧盟之所以终止"双反"政策，主要是考虑了欧盟太阳能板生产商、用户和进口商的利益。他们认为，取消限制令是对整个欧盟最有利的决定。

欧盟市场的开放，有望为全球光伏市场起到表率作用。随着中国与欧盟市场的深入合作交流，双方都将协同进步，从而实现双赢发展。而这些互赢互利的举措，将有利于全球发展新能源产业，以应对气候变化危机。

10 "双雄"幻灭

> 2013年后,美欧国家对中国光伏企业先后发起"双反"调查,加速了尚德、赛维LDK等光伏龙头企业的资金链紧张局面,施正荣、彭小峰这两位盛极一时的企业家先后跌落神坛。

欧美国家对中国光伏企业发起的"双反"调查,虽然未能摧毁我国光伏产业,但是加速了我国光伏产业的大洗牌,对我国光伏产业竞争格局的影响巨大且深远。

尚德和赛维LDK的跌落

2012年秋天,作为尚德董事长,施正荣一直在为企业的生死存亡而奔波。尚德负债累累,市场却增长乏力,美国与欧盟的光伏"双反"令这个光伏帝国摇摇欲坠。

施正荣并非第一次陷入困境,回国创业11年来,他不止一次遇到麻烦。但他承认,没有哪次像这次一样命悬一线:债务庞大、持续亏损、高管纷纷出走、美欧"双反",真是"内忧外患"。

证券市场也见证了这家中国明星公司的跌落。尚德在纽约证券交易所的股价已由 2007 年年底最高每股 86 美元，一路下跌到当时低于 1 美元。由于截至 2012 年 9 月 10 日股价连续 30 个交易日低于 1 美元，尚德收到了纽交所的退市警告。

相比尚德，位于产业链上游的光伏行业另一巨头赛维 LDK 处境更加凶险。

2010 年年底，彭小峰依然对多晶硅业务能做大抱有期待，并于当时引入新的投资人如阿波罗及建银国际等机构，并以个人财产提供担保。

但多晶硅建设周期的拖延影响了项目的盈利。此项目的直接承包商是美国福禄公司，2012 年，其 1.5 万吨的全部三期项目才建成，前后时间跨度长达 5 年之久，且项目尚有很多问题未能解决。工程建设的时间跨度比保利协鑫等公司明显长很多，这与 2008 年国际金融危机的连带影响不无关系。而这 5 年恰恰是行业遭遇下滑的阶段。如此一来，赛维 LDK 不得不面临双重困境：公司没钱去支撑如此巨大的工程；多晶硅项目本身也产生不了很好的收益。

2009 年下半年，国际金融危机爆发的持续性效应继续蔓延至全球的各个实体产业，多晶硅工程所需的原材料价格出现了大幅下跌，如水泥及钢材等都波动较大，这些投资都需与供应商重新谈判。

另一重压力来自客户。当时建设多晶硅的不少资金来自下游一些重点硅片客户的预付款。如果多晶硅项目不继续推进的话，那么赛维 LDK 也面临着高额的赔偿。

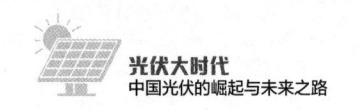

这家以高速扩张著称的光伏企业不得不为此埋单——2012年年中，其负债率高达惊人的93%，这让它背负了巨大的偿债压力。仅在2012年，赛维LDK就将有大约20亿美元债务到期，但截至6月底，其手头现金和现金等价物只有2.96亿美元，破产之忧更甚。

种种境遇加速了赛维LDK坠落。让人唏嘘的是，如果彭小峰在决定上马1.5万吨多晶硅之初效仿协鑫的办法，或许能改变其命运。多晶硅与下游硅片不同，下游硅片拥有较为成熟的成套设备，而多晶硅的制造设备属于系统集成项目，非常繁复。彭小峰将在硅片领域的成功经验复制到多晶硅领域，显然是行不通的。对于同样规模的多晶硅项目，协鑫只用了1年时间，而赛维LDK花了3年都未能建成，而且协鑫的投资总额只有赛维LDK的六成左右。只是历史没有如果。

尚德与赛维LDK曾经是这个朝阳产业中生命力最旺盛的两家代表性企业，可并称光伏"双雄"。两家企业的创始人——施正荣和彭小峰都是新生代企业家，他们本人，及其所创建的公司，对行业前期发展起到了标杆作用。

但时至当时，"双雄"已跌落神坛，生存堪忧。对一个只有十多年历史的新兴行业，两家起步早、实力强、追捧者众的公司迅速"早衰"，却凸显了这一行业不同寻常的畸形状态。

彼时的中国光伏行业面临的是一幅悲喜交织的奇幻景象。喜的是，短短几年间，中国光伏产能占到全球一半以上，全球前十大光伏组件生产商中国包揽了前五名；悲的是，在欧美提起"双反"调查的大背景下，整个光伏行业陷入大溃败，几大巨头都接近资不抵债。这实际是在为产业爆发期积累的矛盾埋单，一方面，政府鼓励光伏企业高速发展；另一方面，国内市场和产业支撑准备不足。

产能扩张的无序与失控，以及由此带来的国际反弹，最终成为压倒"太阳神"的最后一根稻草。多年以后，施正荣回忆说："从商业角度，甚至人性的角度，资本是趋利的。从尚德的角度来说，当时我们可能也是节奏早了半拍，可能有点冒进，或者说探索的事做得多了点，所以企业的发展遇到困难。但是，即使复盘，也很难避免外部环境的影响。实际上，一旦有这个市场需求和市场潜力，投资仍然是蜂拥而上。"

至此，尚德与赛维LDK的命运已不掌握在施正荣与彭小峰手中，而是取决于政府、银行的支持力度。令人感叹的是，他们创业之初的命运，同样掌握在这两者手中。他们演绎了中国新兴产业泛滥的一个悲剧。

教训是什么

"大凡成事，半由天命，半由人力"，曾国藩与太平天国作战屡战屡败时曾如此感叹，而这一轮光伏悲歌，看似也是天命与人力的叠加。不过，叩击业内人士心灵却不便明言的一个疑问是，除了企业自身应把握好扩张的节奏，政府到底应该在推动新兴产业发展方面扮演怎样的角色？

2006年，尚德登陆纽交所之初，自主创新的"无锡模式"红极一时。在当时的中国国内，从政府到企业都在为自主创新具体路径寻寻觅觅、上下求索之时，尚德如明星般地崛起，可能意味着一种尚未完全发育成熟的、支持高科技企业自主创新的模式已然浮现。

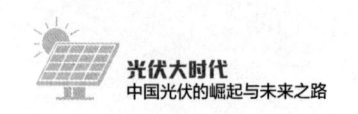

一个地方政府，找到具有资本和商业管理意识且有名望的人或组织来代表"政府"，把各种资源，包括政策、资本、技术、市场整合在一起，支持企业，然后功成身退。但是，这种模式中的天然缺陷却也值得反思："功成身退"很难，"前仆后继"却往往成为潮流——当中国600多个城市把光伏作为战略性新兴产业，多晶硅炉如同当年大炼钢铁一样遍地开花时，结果不难预测。

有形之手"催肥"了产业，却加剧了市场的难题。光伏起初不是市场化的产业，无论尚德还是赛维LDK走到幻灭都与政府之手密不可分。施正荣回国创业时，包括国内教授都不知道"光伏"这个词。

初创尚德，除了一腔热血和满腹知识，施正荣只有40万美元。无锡市政府用类似行政命令的方式，让当地8家国企凑了650万美元入股尚德，他们甚至做好了"这钱就这么打了水漂"的准备，可最终证明这是一笔相当合算的投资。

早期的光伏企业家都曾是当地政府的座上宾，政府需要政绩抓手，光伏产业既是新兴产业，又能解决大量就业，双方自然一拍即合。而企业有了国际影响，双方实际上已经是互相捆绑的关系。

2011年，无锡市整个工业领域的产值是1.5万亿元，尚德占了近300亿元。尚德产值的政治意义远大于经济意义。比其他工业，无锡在全国不一定是数一数二的，而若比光伏，尚德世界第一。

然而，这个行业好进不好退，企业即便在艰难时刻，政府也不让其淘汰，扶持它扩大产能，所以整个行业产能下不来。光伏产业某种程度上由政府"催肥"后陷入僵局。

《纽约时报》首席记者安德鲁·罗斯·索尔金在其新书《大而不倒》中，展现了 2008 年美国金融危机时，个别金融集团庞大到可以影响系统性风险，从而使美国政府陷入被迫救助的困境。而在种种呵护之下，经过一轮轮扩张，施正荣和彭小峰也几乎把尚德、赛维 LDK 做成了"大而不倒"。企业快速做大也拥有了一种绑架政府的能力，从而在一定程度上保证安全。

赛维 LDK 同样如此。从财务上看，依赖负债实现扩张的赛维 LDK 已经无力支撑。但是，这家新能源标志性企业不会简单地遵循市场经济优胜劣汰的自然规律。它不仅是新余市的一张名片，还是江西省第一家美国上市公司和第二大纳税企业，赛维 LDK 还拥有 2 万多名员工。

光伏只是最为极端的例子。近年来"新兴产业"概念泛滥，很多地方政府热衷于做各种规划。但规划从头看到尾，只能看到要把产业做到多大规模的目标，对于产业的具体指导、上下游配套等具体计划则完全欠缺。

光伏行业的规模崇拜与价格血拼，依稀有家电业发展初期的影子。竞争拼的主要是成本，只有扩大规模才能降低成本，可扩大规模又无异饮鸩止渴，这恰恰是产业还不成熟的标志。这个产业像从幼儿园突然间进大学一样长得快得不得了。其实，也不能单纯谴责其快速发展，因为他们抬头向上看，新兴产业的政策往往晦暗不明，只能自己试探天花板的高度。

而时过境迁，由于光伏全行业亏损，新余市此后将重点发展产业转移到了户外照明、装备制造和生物医药，而无锡则将重心转为物联网等产业。

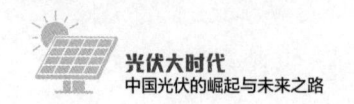

等待救赎似乎成为光伏"双雄"唯一的选择，但是这又谈何容易。"双雄"的衰落已不可挽回。值得一提的是，施正荣并未因此而消沉。几年后，从尚德出局后不服输的他创办了上迈新能源科技有限公司，瞄准轻质光伏组件方向，拓展了光伏技术应用的想象力，为"光伏+"拓宽了思路。

然而，富有戏剧性的是，沉舟侧畔，尚德有个叫隆基的供货商。彼时没有人注意它，而了解这个行业的人知道，日后，城头将挂上这家企业的大王旗。

PART 3
第三部分

大分水岭

　　如果将中国光伏产业分成两个大阶段，那么2013年就是一个大的分水岭。在此之前，中国光伏产业主要依靠国际市场。2013年开始，中国国内应用市场开始真正启动，并迅速爆发。伴随国内市场的爆发，中国光伏企业开始加速科技创新，并再次迎来大洗牌。但是迅猛发展的国内市场远远超过了政策预期，导致财政补贴难以为继。这直接促成2018年国家出台史上最为严厉的控制政策。在经历较为艰难的两三年后，虽然全球新冠肺炎疫情再次冲击了整个行业，但是"双碳"目标的提出却将光伏产业带入了一个崭新的大时代。

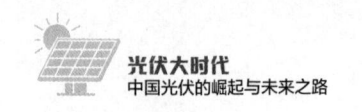

11 播下国内市场的种子

> 面对美欧"双反"压力,我国政府开始加大对光伏产业的支持力度,这为我国光伏企业开辟第二战场提供了条件,也为壮大国内市场播下了种子。

虽然自 1973 年开始,我国已经开始将太阳能光伏电池应用于地面,但是在 2009 年之前,由于光伏发电成本非常高昂,我国地面光伏市场发展非常缓慢,光伏仅用于小功率电源系统,如航标灯、铁路信号系统、高山气象站仪器、电围栏、黑光灯、直流日光灯等。其功率较小,一般在几瓦到几十瓦之间。

2002 年,原国家计委启动了"西部省区无电乡通电计划",通过光伏或小风电解决西部七省区(西藏、新疆、青海、甘肃、内蒙古、陕西和四川)多个无电乡政府所在村镇的用电问题,当年光伏新增装机容量才达到 15.3 兆瓦,累计装机容量达到 45 兆瓦。那一年新增装机容量也是 2007 年以前最高的一年。

自 2002 年起,我国又先后启动了"光明工程"、"GEF/世行 REDP"、中荷合作"丝绸之路"等项目,使光伏发电系统在解决西部边远无电地区农牧民生活用电问题上发挥了作用，但是新增装机容量在全球占比非常有限。

直到 2006 年《中华人民共和国可再生能源法》的实施，对光伏应用市场才有一定积极刺激作用，但由于其中的"上网电价法"对光伏发电的政策要求尚未到位，致使国内光伏发电市场发展依然缓慢。国内市场第一次的启动还要到 3 年后的 2009 年。

市场、原料、技术三管齐下

纵览中国光伏产业发展史，在 2020 年年底之前，对光伏产业影响深远的两大国内政策分别是 2009 年的"金太阳"工程和 2013 年出台的度电补贴政策。

为解困中国光伏业在 2008 年国际金融危机下的产品积压困局，促进光伏产业技术进步和规模化发展，2009 年我国政府部门先后开展了特许权招标、太阳能光伏建筑示范项目、"金太阳"工程等，并配套了有足够诱惑力的财政激励政策，扩大国内光伏终端市场。

特许权招标竞价主要面向大型地面光伏电站。2009 年和 2010 年国家能源局组织实施了两批光伏电站特许权项目招标，中标方式为上网电价低者中标。2009 年第一批次一个项目，即敦煌 10 兆瓦光伏电站，最终中标电价为 1.09 元 / 千瓦时；2010 年第二批特许权招标项目，13 个项目总规模 280 兆瓦，中标电价 0.7288 ~ 0.9907 元 / 千瓦时，降价速度令人咋舌。

但开辟国内战场需要一个巨大利器，那就是降低成本。在国内市场大

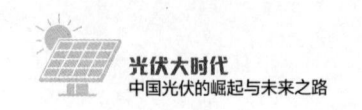

规模启动前，光伏发电成本依旧非常高昂。以 2008 年内蒙古某光伏发电站为例，建成后度电成本为 1 元。彼时中国燃煤发电的度电成本是 0.38 元左右，这意味着电网企业在每度电补贴 0.62 元左右收购电力才能保证电站的正常运行。

其实，从过去 10 年可再生能源发电成本的变化会发现，生物质能、水力发电、地热发电，似乎在竞赛中成本变化并不明显，甚至还略有增加；但是光伏发电和风力发电的成本却在大幅下降。

2010 年到 2020 年这 10 年时间里，在可再生能源里面，曾经被认为是最廉价的发电方式的水力发电成本增加了 18%，这出乎很多人的意料。而地热发电主要是在北欧这些国家应用得多一些，其成本也增加了 45%。相比之下，光伏发电成本则大大下降。10 年前，集中式的光伏发电站每度电的成本是 1 元，2020 年这个数字在光照资源好的地方已经降到了 0.15 元左右。

降成本的核心，一方面是靠规模化生产，另一方面就是技术创新。从这个角度看，我国多晶硅等环节的制约已逐渐打通。2007 年，江苏中能硅业科技发展有限公司 1500 吨/年多晶硅项目成功投产，正式结束了国内多晶硅千吨级以上无法量产的历史。华陆公司冷氢化技术在江苏中能的首次成功应用，并不断在关键核心技术研发上取得突破，优于国外先进技术水平，一时间引起了全球多晶硅行业的关注，推动多晶硅格局发生重大变革。2009 年，国外企业开始陆续向我国主动转让冷氢化技术，转让费迅速下跌。华陆公司在多晶硅技术工程化上取得的突破，极大缓解了当时国内多晶硅市场供给严重不足的问题，对于保障国家产业发展安全具有重要意义，开启了中国光伏第一次技术变迁。

市场、原料、技术三线交织帮助中国光伏产业穿越了2008年国际金融危机的至暗时刻。2009年到2012年，"金太阳"工程实施的短短几年时间内，中国光伏装机容量达到3423兆瓦，比过去9年加起来还多。

到2012年，光伏产业国内外需求比达到4∶6，基本持平。这一时期，中国企业掌握了晶硅电池的关键技术，单晶硅、多晶硅电池转化效率达到18%和17%，部分先进企业突破19%，位于世界第一梯队，同时实现了产业链上、中、下游的全部国产化，技术达到国际先进水平，部分优势产品已经开始对外出口。

扶持政策进一步完善

2012年12月，时任中共中央政治局委员、国务委员兼国务院秘书长马凯一行到江苏进行光伏产业调研，分别调研了中能硅业、保利协鑫、天合光能、尚德等企业。

在这些调研基础上，我国很快形成了推动光伏产业发展的顶层意见。2013年7月15日，国务院出台了《国务院关于促进光伏产业健康发展的若干意见》，提出2013—2015年，年均新增光伏发电装机容量1000万千瓦左右，到2015年总装机容量达到3500万千瓦，另外还强调加快企业兼并重组，加快技术创新和产业升级等要求。而这一意见也被业界看成了光伏接下来发展的总纲。

随后，备受关注的电价补贴政策终于在2013年8月末落定。2013

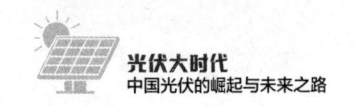

8月30日，国家发展改革委发布《国家发展改革委关于发挥价格杠杆作用促进光伏产业健康发展的通知》，其明确新的地面电站三类电价补贴，根据光资源优劣，补贴额分为每千瓦时0.9元、0.95元和1元；分布式光伏电站补贴每千瓦时0.42元；可再生能源附加从8厘涨到1.5分。

电价补贴政策其实是"金太阳"工程的升级版，从此前的事前补贴改为度电补贴，类似于德国的光伏度电补贴政策。

新政策下，光伏制造企业已经看到了这一政策所暗指的发展方向，纷纷向下游进发。英利将向下游发展定位为公司战略转型的重要方向，为此，公司还计划在云南、广西、湖北、广东、河南、陕西、山西成立省级总公司，并积极推进在一些山区缓坡处建光伏电站，以扩大下游市场。

电价补贴额度的明确，意味着分布式光伏发电及光伏电站投资回报收益的明确。良好的投资回报收益将增强一直持观望态度的个人及企业的投资欲望。

与此同时，由政府征收的可再生能源电价附加标准也由每千瓦时0.8分钱提高到1.5分钱，一年就可以增加收入270亿元左右，很显然这有望弥补曾经可再生能源基金留下的缺口，并有望到2015年满足可再生能源的需要。

此外，电站补贴由全国统一价变为三类地区不同价格，让补贴更为合理。在此之前，全国统一补贴价时，那些光源较差、成本较高的东部地区在光伏建设方面并不积极。而这一次因地制宜的补贴政策让补贴更加公平，企业自然也就增加了投资热情。

光伏政策的完美升级，还缓解了中国企业在海外正在面临的"双反"压力，也让国外看到了中国的光伏市场存在巨大潜力，以及中国发展新能源的决心。

此后，度电补贴政策进一步完善。到 2015 年年底，国家发展改革委又下发《国家发展改革委关于完善陆上风电光伏发电上网标杆电价政策的通知》指出，实行风电、光伏上网标杆电价随着发展规模逐步降低的价格政策。

2013 年到 2017 年间，中国光伏应用市场全面爆发，硅片、电池片、光伏组件产量持续增加，平均年增长率近 50%，并且全产业链的技术都开始快速迭代。2015 年，中国企业突破单晶硅切割供应，一举变革了整个硅料行业。同年阳光电源逆变器效率全线突破 99%。2018 年中国光伏组件出口国家达 200 多个，印度、日本、澳大利亚、墨西哥等国家取代之前的美欧市场，成为中国光伏主要出口国。

在封锁中活下来

世界上从来没有一个产业能在世界两大经济体的封锁中活下来，而中国光伏企业不仅活了下来，还能再次出海。这触动了欧美的神经，但"双反"调查之后，欧美已经没有能够攻击中国光伏的经济手段。

从 2013 年起，来自或受雇于欧美的 NGO 组织在国际上声称中国企业从原住民手中掠夺了土地，用于建设光伏电站，许多游牧民族的自然生活方式被破坏，甚至有人批评中国在西部的光伏发电是一场骗局和作秀。

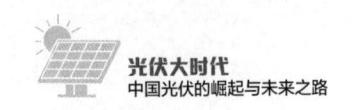

在舆论影响下，部分欧美企业开始向中国实行技术封锁，试图重演高价收割的路子。但令欧美没有料到的是，在技术封锁的倒逼下，我国企业创新能力反而更强，相继发布光伏产品规范标准，开始推动整个光伏制造业升级。

2013年，中国光伏的组件生产成本为0.5美元/瓦，欧美实施技术封锁后，到2017年，中国光伏的组件生产成本不仅没有提升，反而降到了0.29美元/瓦，降幅达42%。2018年12月，国内首个平价上网光伏发电项目——三峡新能源格尔木500兆瓦光伏领跑者项目正式并网发电，上网电价平均为0.316元/千瓦时，比当地煤电标杆电价0.3247元/千瓦时低将近1分钱，也是光伏电价第一次低于燃煤发电标杆电价。

此时，世界终于意识到封堵无法限制中国光伏企业，只能限制自己的应用市场。2018年，欧盟宣布终止对中国的"双反"措施。中西方历史上规模最大、影响最深的"双反"调查案就此告一段落。

"双反"解除后，中国企业再次重回世界舞台，并拿到了比2012年更高的市场份额，世界光伏产业正式进入中国时代。截至2021年年底，中国光伏装机容量达到306吉瓦，超过欧盟和美国的装机容量总和。全球光伏产业20强中有15个来自中国光伏供应链上。各环节上中国的全球占比均超过65%，同时中国光伏组件相关专利数量达4089项。

中国光伏从为点亮人民群众万家灯火中走出，扩张、出海、围猎、败退、再起、重返全球。

12 组件老大易主

> 天合光能和晶科能源穿越至暗时刻,先后成为继尚德和英利之后的光伏组件老大。

自中国光伏产业诞生起,竞争格局一直就处于变化之中。这种竞争非常激烈,甚至可以说惨烈。

受欧美"双反"和多晶硅价格暴跌遗患的影响,2012—2013年,尚德、赛维LDK等昔日的光伏巨头纷纷跌落神坛,光伏行业哀鸿一片。尚德卸任2011年全球光伏组件出货量冠军,英利离开2012年和2013年全球光伏组件出货量冠军宝座。

2014年和2015年,总部位于江苏常州的天合光能光伏组件出货量连续居全球首位;2016年,总部位于上海的晶科能源则取代天合光能的榜首位置,开始了属于自己的时代。而天合光能实力依旧,从2016—2019年一直位居全球组件出货量前三。

于逆境中"弯道超车",这折射出天合光能董事长高纪凡和晶科能源董事长李仙德的前瞻性眼光。

天合光能做对了什么？

2010年"双反"发生前，高纪凡就曾预判，光伏行业的缓冲期最多三年，两三年后，国际光伏市场的洗牌将会在国内上演。事实上，当年第三季度，光伏行业即步入峰顶。这是光伏上市公司盈利状况最好的一年，行业也由此进入扩产快车道。

在巨大的商业利益诱惑下，当时跨界玩家纷纷突击入局的新闻不绝于耳。在此狂热盛景之下，高纪凡表现出了一名优秀企业家的特质：居安思危，回归商业本质。他认为，上1兆瓦产能很简单，只要有钱就能实现；可销售1兆瓦就没那么容易了。因此，他要求公司严控规模，将着眼点放在抓市场和技术创新上。这一年，天合光能还拿下"光伏科学与技术国家重点实验室"项目。

高纪凡的预判很快在一年后应验。2011年11月，刚刚在美国总统大选中获胜的奥巴马立刻给中国送出一份"双反大礼包"，欧洲则紧随其后。

压力之下，中国光伏行业加速洗牌。由于提前预判了风险，高纪凡及时在悬崖边踩下了刹车。直到2013年7月，在付出了较大代价后，欧盟"双反"危机基本化解。这一年，天合光能率先摆脱困境，恢复盈利。2014年，其组件总出货量达3.66吉瓦，居全球第一。与此同时，该公司还7次刷新晶体硅电池效率和组件功率世界纪录。

2014年、2015年连续两年的全球第一，让更多的人看好天合光能的发展，但是高纪凡的目标却并不是成为第一，他说天合光能的目标是——全球最领先的组件供应商，一流的系统集成商，智慧能源领域的开拓者。

"有时候人为了保持第一,会做很多愚蠢的事情。"

"做老大的不易来自两个方面:第一,引领者走在前面,有风雨来的时候你总是第一个被刮到;第二,领先者有很多酸甜苦辣。比如你可能花了1亿元去开发新技术新产品,技术领先了,人家花几百万挖一个人就把成果拿走了。"高纪凡曾经如是说。

高纪凡虽这样说,但是天合光能在研发方面并未放松。截至2016年12月,天合光能晶硅电池效率及组件功率输出已15次打破世界纪录,实现全球性突破。通过严谨稳健的技术研发,已申请超过1350项太阳能光伏专利,其中784项获得授权。在电池效率转化方面,p型单晶硅电池及p型多晶硅电池的实验室转换效率分别达到22.61%(2016年)和21.25%(2015年)。天合光能是第一家拿到全球检测认证机构美国UL公司客户测试数据程序证书的公司。

也恰是在2016年,对于天合光能来说较为重要的两件事发生了——一是其正式成立户用光伏事业部,并于次年诞生全行业第一个原装光伏户用品牌天合富家;二是其从美国纽交所退市。

对于从美国退市的原因,高纪凡表示:"主动退市是公司发展的战略选择。作为全球光伏行业的领军企业,我们认为资本市场和产业发展最好协同。之前欧美市场是全球光伏市场的主要阵地,在美国上市能够更好地帮助天合光能在欧美市场发展。但十年过去,中国已经成为全球第二大经济体,国际市场的格局也发生了巨大变化,回归也是天合光能发展的战略之选。"

2017年，高纪凡认为这是天合光能走向3.0时代的元年——这一年，公司开启了"百万屋顶"计划；建立"平台+创团"的发展战略模式，以价值创造为主线，展开了一场激发活力的自我革命。所谓"创团"，就是凝聚社会力量，共同创业、创新、创造价值。在面向更广泛的用户时，从有边界的创新走向无边界的拥抱，让终端用户和社会上的各种力量都能到平台上发挥作用。

2017年还发生了一件大事。2017年6月，时任美国总统特朗普正式宣布退出《巴黎协定》，深感失望的高纪凡义愤填膺地赶到纽约特朗普大厦，一手持报，一手拇指朝下做鄙视状。此举当时在业内流传颇广（见图12-1）。

图12-1　2017年6月2日，高纪凡在纽约特朗普大厦反对美国退出《巴黎协定》

然而，也是在 2017 年，中国光伏装机容量"失控"发展。这一年，我国光伏发电新增装机容量达到创纪录的 53.06 吉瓦，同比大幅增长 53.6%。截至 2017 年年底，全国光伏发电累计装机容量达到 130.25 吉瓦。

与之而来的，则是 2018 年的"531 新政"[①]。作为当时中国光伏行业协会理事长，高纪凡与同行共赴国家能源局磋商，表达行业诉求。其认为，政策的调整如果是"急刹车""硬着陆"，会造成行业严重阵痛，带来大量负面因素。当然，当时的行业努力未能改变已经下发的政策。

"531 新政"落地之后，中国的光伏企业又经历了一轮洗牌。但是中国光伏行业在世界上已经具有举足轻重的地位。

2020 年以来，天合光能又开启了新一轮的选择和挑战：推出 210 尺寸硅片、带领组件功率进入 6.0 时代、天合光能登陆 A 股。

风云再起，新的故事即将开始。

晶科能源做对了什么？

晶科能源成立于 2006 年，于 2010 年 5 月成功在纽交所上市，融资 7000 万美元，成为中国光伏企业第十家、2008 年国际金融危机之后国内第一家在美国上市的光伏企业。这家公司的掌门人李仙德在业界鲜有露面。有趣的是，这位"光伏少帅"的新年致辞却成为企业的"常规动作"。

---

① 2018 年 5 月 31 日，国家能源局等部门联合印发《关于 2018 年光伏发电有关事项的通知》，其中指出，暂不安排 2018 年普通光伏电站建设规模，仅安排 1000 万千瓦左右的分布式光伏建设规模，光伏发电的补贴强度也进一步降低。这一政策，被称为"531 新政"。

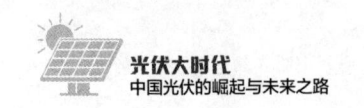

2007年晶科能源营业收入只有7.09亿元，远远低于英利、晶澳和阿特斯等一众大牌企业。然而仅仅10年后，晶科能源行业地位逆转。从2016年出货量6.65吉瓦，到2017年的9.8吉瓦，再到2018年的11.4吉瓦，晶科能源成功实现三连冠。

那么，晶科能源又做对了什么？

第一，在单晶和多晶两条路线尚模糊不清的阶段，晶科能源几乎是最早迅速抛掉已有积累，迅速选择单晶路线的企业。

为何选择单晶路线？晶科能源的理由有三个：

首先是土地。从全球来看，可再生能源装机容量不断增长，但可供安装光伏系统的土地已经越来越少。特别是欧洲、日本、澳大利亚等市场，土地费用在系统初始投资中的占比明显高于其他地区。如何在有限的土地面积上安装更大容量的光伏电站？高效单晶是最直接的答案。

其次是运费。国内组件报价通常是"含税含运费"，这使得部分开发企业对运费并不敏感。但事实上，很多企业、贸易商在报价时就会考虑运费因素，向海外发货更是如此。随着组件价格不断下降，运费占比有所提升。运输同样重量、体积的组件，如果总功率更高，运费也可以被摊薄。这是一笔很好算的账。

最后是人工。在拉美、中亚、中东等地区，懂光伏施工的人很少，安装成本较高；至于美国，一切涉及人工的费用都非常高。安装一块组件的费用不变，选择高效组件的优势是非常明显的。

第二，晶科能源明确了一个观念：与其他行业不同，光伏的技术研发目的是把产品卖得更便宜而不是更贵。

因此，2016年，晶科能源净利润创历史新高，达18.27亿元，是2007年的24.04倍。不过，2017年在前三季度"收入突破200亿元，增幅在23%以上"的情况下，其净利润却仅为1.19亿元，同比下降85.82%。

利润大幅下滑似乎是晶科能源有意为之。彼时其核心举措都在围绕低利润、大规模布局。

最能佐证这一观点的是晶科能源拿下世界最大光伏电站这一案例。2017年，晶科能源和丸红株式会社、阿布扎比水电公司签订了关于阿联酋Sweihan的太阳能光伏独立发电项目购电协议。晶科能源对这一规模为1177兆瓦电站的报价为0.0242美元/千瓦时，在所有投标的大型电站项目报价中，为全球最低。

显然，晶科在牺牲利润保规模。

第三，实施多元化的市场战略。2011年开始，欧美相继对我国光伏产品实施"双反"政策，以致我国光伏产品进入海外市场受阻，光伏产业遭遇"寒冬"，晶科能源也一度亏损较大。但由于实施多元化的市场策略，晶科能源得以迅速掉转船头，从2013年年中起率先实现盈利。

对于热门市场，晶科能源并没有去与同行争抢拼刺刀。对于冷门市场，晶科能源则提前早早做了布局。在马来西亚、南非、墨西哥等冷门国家，晶科能源提前设立了生产和营销机构。因其团队比较擅长敏锐地通过

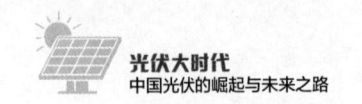

营销环节发现市场趋势，因此也能够在市场竞争中保障产品的销售能力。这一能力在行业繁荣时期作用可能并不明显，当行业遇冷时，却能成为厚厚的安全垫。

晶科能源彼时收入的高速增长，还得益于其持续巨额的投入。

当企业投资现金流为负，且净流出金额较大时，说明企业认为这期间是很好的出击时间，折射出企业正在执行的战略是通过加大对外投资抢占更多市场份额。2007—2017年晶科能源投资现金流净流出额达211亿元，其中2014—2016年三年时间，净投入达143.83亿元，占十年投资比重的68.25%，这说明晶科能源认为最好的出击时间已至。

另外，企业之间的竞争核心是人才的竞争。优秀人才一直是光伏行业的稀缺资源，员工规模大小是企业软实力的直接体现方式之一。晶科能源彼时员工规模一直保持稳定增长，更为难得的是晶科能源每个员工的产出效率（营业收入/员工人数）连续4年也在稳定增长，说明其对员工效率管理颇有章法。

综上，晶科能源打破光伏企业最多只能坐稳两年老大宝座的魔咒，取得成果也顺理成章。

没有永远的胜利者。两大组件龙头此后在新一轮竞争中，将再次迎来一个强劲的对手——隆基股份。当然这是后话。

过去十几年间，中国光伏产业潮起潮落，经历了几轮洗牌，诞生过中国首富，也清扫出一批破产企业。也正是通过这样一轮轮优胜劣汰，整个行业的发展才更加健康。

13 单、多晶逆转

> 2017年单晶市场份额逐渐稳固,并迅速超过多晶市场份额,随后几乎以压倒性优势彻底吞噬了多晶的天下。昔日小弟隆基一步步崛起。

在中国光伏产业发展史中,单、多晶路线之争贯穿始末,最终单晶通过技术革新宣告胜出。这对全球光伏产业的加速降本构成重要影响。

作为单、多晶竞争格局的颠覆者,隆基股份创始人李振国在2013年接受《中国企业家》杂志专访时就说,"我这一辈子就干这一件事,那就是拉单晶。"

2016年,任正非接受新华社专访时被问及华为成功的基因和秘诀是什么。他的回答异曲同工:"华为28年坚定不移地只对准通信领域这个'城墙口'冲锋。我们成长起来后,坚持只做一件事,在一个方面做大。"

华为在专注中成长为伟大公司,李振国在专注中改写了中国光伏格局。

"一辈子就干这一件事"

2004年是全球光伏产业的一个重要转折点,欧洲加大补贴点燃了产

业界的热情，在资本的加持下大放异彩，创业者无一例外倒向了多晶硅。

然而位于我国西部的陕西省西安市，有一家叫隆基的公司走上了一条少有人走的道路。作为今日的光伏巨头隆基股份创始人，李振国曾多次对外宣称，"我只了解单晶，一辈子就干这一件事"。

单、多晶之争的本质，也是过去几十年光伏发展的唯一核心逻辑，其实只有一个，降本增效。两者是光伏产业路线上的一对兄弟。单晶硅电池转换效率高，稳定性好，但是成本较高。多晶硅电池成本低，转换效率略低于直拉单晶硅光伏电池，材料中有各种缺陷，如晶界、位错、微缺陷、材料中的杂质碳和氧，以及工艺过程中玷污的过渡族金属。

在 2004 年之前，单晶甚至曾一度引领风骚，但由于成本不占优势，伴随一轮行业扩张浪潮，单晶在路线之争中日渐式微。

2006 年前后，当绝大多数企业在多晶路线上干得热火朝天时，李振国仍然执着于单晶。2013 年，即使每年"战略性亏损"几千万元，隆基也要决心从成熟的砂浆切割技术转向昂贵且不成熟的金刚线切割技术，以此来培育国内设备、辅材供应商。

在单晶硅片生产环节，相比于砂浆切割技术，金刚线切割有三大关键优势：切割速度可以快 3~5 倍，机器生产率提升了 3 倍以上；不使用昂贵且难以处理的砂浆；单片耗材远远降低，可减少切割成本约 0.1 美元 / 片。

但金刚线切割技术当年掌握在少数日本厂商手中，起初并未应用于光伏行业。国内金刚线的整个产业链，从金刚线到切割液、切割机均处于空白状态。由于产业链极其不完整，这导致金刚线切割的成本极高。采用金刚线技术切割的硅片，每片得承受0.6～0.7元的亏损。

好在整个亏损周期比隆基预想中要短，"真正亏损大概6个月"。到了2014年3月，隆基启动"9.15"计划，即用18个月时间，到2015年9月，把所有切片机全部升级为金刚线切割机。最终，隆基彻底解决了金刚线切割技术难题。

值得一提的是，在这个时间点，单晶的拉晶技术取得了巨大的进步。而拉晶技术的进步，拉晶炉的改造等，则是单晶成本下降的最主要因素。

以前拉晶炉一次只能拉一两根单晶，如今有的企业已经可以一次拉三五根，甚至更多。不仅如此，硅棒的长度也可以拉得更长。同时，纯度和质量不断提高的硅料也对提高拉晶效率提供了物质基础。相比于多晶，单晶对硅料的质量要求更高。

多管齐下，单晶的能源成本、人力成本、固定资产折旧成本都带来了大幅度的压缩。不知不觉中，单晶的"势能"已对多晶形成降维打击。

尽管如此，单晶彻底被市场广泛接受还是经历了一段不短的时间。

"单晶的价值无法有效传递到终端，原因有两个：一个是通道问题，很多主流企业采取多晶路线，对单晶硅片成本下降速度半信半疑；另一个单晶早期是高端产品，很多企业对其毛利率设置期望值比较高。"李振国认为，其实2014年年底，单晶组件成本已经很接近多晶组件电池，但售价相差很多，多晶每瓦4.1元，但单晶因为供应很少，售价达到每瓦4.8元。

李振国在制定战略、判断技术路线和解决日常运营问题的时候，主要遵循两个核心原则：其一，一切从事物的本质出发的"第一性"原则；其二，立足未来、着眼于长远，不被短期利益或困难所迷惑。

光伏"领跑者计划"助力

就在隆基攻克金刚线切割技术难题不久，一个筹备已久的光伏"领跑者"政策开始实施。从 2015 年开始，国家能源局提出光伏"领跑者计划"，要求在"领跑者"光伏项目中计划采用技术和使用的组件都是行业技术绝对领先的技术和产品，来建设拥有先进技术的光伏发电示范基地、新技术应用示范工程等方式实施。

2015 年，"领跑者"计划实施之初，其先进技术产品应达到以下指标：多晶组件和单晶组件的光电转化效率分别达到 16.5% 和 17% 以上。到 2017 年，第三批"领跑者"计划的组件门槛效率进一步提高，多晶组件和单晶组件的效率分别达到 17% 和 17.8%，满分效率分别是 17.9% 和 18.7%。而在 2017 年，多晶和单晶的市场主流功率分别是 17.4% 和 18.8%。因此，各下游电站企业为了在"领跑者"基地项目投标时拿到满分，纷纷选择单晶技术路线，单晶组件装机容量占到整个领跑者基地的 85%，导致单晶组件供不应求。

在"领跑者"计划助力下，从 2015 年开始，主流终端电站显著加大了对单晶组件的采购力度，单晶的市场份额在一年内翻了一倍。单晶替代多晶的大潮已势不可挡，而作为龙头，隆基的成本优势又不断凸显，另一方面，海外订单打开了新的市场空间。

多晶硅电池成本上升的同时，单晶硅却因技术进步等原因，价格不断下降，单晶硅电池的价格优势凸显出来。于是从 2015 年开始，隆基的对外投资明显进入跳跃式提升阶段，短短几年的时间增长了几十倍。

2015 年可以说是国内单晶的发展元年。单晶成本不再高昂，转换率更高，系统稳定性更强，收益也更高，正在被越来越多的电站投资者和资本市场注意。国内单晶组件比例也在不断提升。

2017 年开始，光伏行业产能已经出现短期过剩的苗头，但隆基不为所动，哪怕 2018 年"531 新政"也没能挡住隆基扩张的步伐。后来的业绩表明，隆基彼时选择高速扩张是正确的。

和多晶硅电池不一样。隆基不愁市场消化能力，招商新能源、中国民生投资集团、华能集团、华电集团、中国广核集团等国内主要光伏电站投资者，都是隆基的客户。中国电力投资集团公司、大唐集团、特变电工、中兴能源、北控集团、中国建材、林洋能源等企业，也对单晶组件拿出了订单。

在下游需求的催化作用下，原本的老牌光伏制造企业，如阿特斯、天合光能、晶科能源等，也都纷纷上马吉瓦级的单晶项目。各电池企业开始大规模进行单晶技改和扩产，单晶市占率逐步提升，在"领跑者"计划的助力下一路腾飞。

有趣的是，单晶技术比多晶技术多一个植绒环节，因为主流电池和组件企业纷纷向单晶靠拢，国内主要卖植绒设备的企业一度脱销。

2018 年年初，隆基公布未来 3 年内的业务规划，提出"2020 年年底

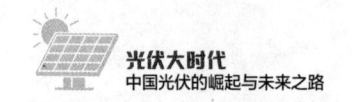

实现单晶硅片产能 45 吉瓦"目标,并豪掷 300 亿元,投资单晶产品。2019 年,这家公司又宣布将持续扩充产能:到 2021 年年底,单晶硅片/硅棒产能 65 吉瓦,单晶电池 20 吉瓦,组件产能 30 吉瓦。

令人惊讶的是,2019 年半年报显示,隆基宣布计划将原定 2021 年年底实现的 65 吉瓦硅片产能目标调整为提前到 2020 年年底实现。

隆基这一选择也改变了全行业,加速了光伏发电的度电成本下降。业内一般用平准化度电成本(LCOE)来衡量光伏发电整个项目周期的单位发电成本。2010 年,光伏的 LCOE 为 0.381 美元/千瓦时。基于单晶路线,在一众企业的带领下,到 2020 年这一数据已经降到了 0.057 美元/千瓦时,成本在过去 10 年下降了约 85%,而在此期间,光伏发电效率提升了 1 倍。

14 最严新政

> 在2018年国家出台"531新政"前,我国光伏行业发展形势一片大好。但是由于补贴的难以为继,"531新政"出台后,光伏行业再次迎来大洗牌,竞争格局也发生重大变化。

2018年,是中国光伏发展史上绕不开的一年。

和往年一样,隆基股份创始人李振国在5月底抵达上海,参加SNEC第十二届(2018)国际太阳能光伏与智慧能源(上海)展览会暨论坛。这一年的全球最大光伏展会上,各种新技术、黑科技炫目呈现,"平价上网"成为热门话题。整个行业情绪积极乐观,一派光伏盛世的景象。

"我国光伏行业得以快速发展,是因为光伏发电行业成本的不断下降。我相信,在未来的20~30年内,清洁能源将实现全球化普及。"开幕论坛上,李振国发言称。

李振国有理由乐观,他算了一笔账:在过去十几年中,光伏发电系统造价从每瓦10美元已降至彼时的1美元,只有原来的1/10。十年前每瓦售价100元的单晶硅片,彼时已降至4元,不到十年前的5%。

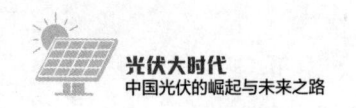

这是一个令人瞩目的突破，前赴后继的光伏人功不可没。

这年5月，李振国的身份还发生了一个变化：阔别校园多年的他，成为清华企业班学员。他试图从更高维度思考终极能源解决方案。抵达上海前，他刚刚随班从剑桥大学学习归来。

然而，上海会议结束的第二天，一枚利刃从高空飞速下落。

梦断"531新政"

2018年5月31日，国家发展改革委、财政部、国家能源局联合发布《关于2018年光伏发电有关事项的通知》，要求新投运的光伏电站标杆上网电价每千瓦时统一降低0.05元。"噩耗"还包括，除2018年5月31日前并网的电站，当年内不再新增有补贴的普通光伏电站指标，有补贴的分布式光伏指标也从过去的没有限制，收紧为全年仅有10吉瓦。

这意味着，当年新建电站，甚至在建但未及并网的电站失去补贴。没人能徒手接住飞速下落的利刃，整个光伏行业无法安坐。

该政策被称为"531新政"，成为"史上最严厉光伏政策"。这剂行业发展的"退烧针"，迫使光伏人在儿童节到来前一天，含泪参加自己的"成人礼"。

创业者们用了两天时间做出反应。6月3日，11名光伏企业家致信新华社，发表"关于企业家对三部委出台531光伏新政的紧急诉求"的联名信（见图14-1），掷地有声地抛出三大问题：

关于企业家对三部委出台531光伏新政的紧急诉求

新华社：

首先要感谢国务院及国家各级政府相关部门对我们光伏行业一直以来的大力扶持，尤其在2011—2013年间光伏行业遭受的欧美"双反"，而那时中国光伏产业处于两头在外，主要原材料设备基本依赖进口，产品98%靠出口，而且欧美又是主要市场，如果欧美把大门关闭，那我们中国整个光伏行业将会被扼杀。在光伏行业的生死关头，两任国家领导人亲自关心我们这个行业，直接与欧美领导人对话，同时经过商务部不懈努力终于与欧美达成协议，使出口市场得以有条件存在，同时，国家发改委等部门积极配合启动国内市场。

从2014年至今，国家各部门及地方政府出台许多政策措施大力支持国内光伏市场的发展，同时，我们光伏人也非常珍惜这个机会，通过这几年的不懈努力，使主要原材料国产化达到60%以上，多晶

以下为企业家集体签名：

第十一届全国政协常委、全国人大代表
全联新能源商会执行会长、
通威集团董事局主席
刘汉元

第十三届全国人大代表、
中国光伏行业协会副会长、
中国电源学会副理事长
阳光电源股份有限公司董事长
曹仁贤

阿特斯阳光电力集团董事长
瞿晓铧

中国信息产业商会副会长、
中国信息产业商会新能源分会会长、
信息产业电子第十一设计研究院科技股份有限公司董事长
赵振元

SEMI（中国）光伏顾问委员会主席、
中国光伏行业协会常务理事、
国家"千人计划"专家、
晋能清洁能源科技股份有限公司总经理
杨立友

苏州中来光伏新材股份有限公司董事长
林建伟

图14-1 2018年6月5日，"关于企业家对三部委出台531光伏新政的紧急诉求"联名信

许多项目是按国家能源局以前发布的文件要求在建设，突然之间没有补贴，项目是否还要继续干？损失由谁承担？

新增装机没有普通地面电站指标，可是企业已按规划在做扩产计划，国内市场需求陡然下降，影响很大。怎么办？

工商业主及民众已经开始接受户用光伏这个新生事物，这也是今后光伏应用的一个重要方向。新政后没有并网项目、没有补贴，全国 10 多万家庭何去何从？

"强烈建议给予已经合法批准开建的项目一定的缓冲期。大家完全理解行业发展存在的问题与压力，愿意与国家相关部门共同承担，但只是希望变革不要太激烈，怕行业承受不了，一下陷入困境，这样对行业会是一个很大打击。"信中称。

联名信言辞恳切，也不失锋芒："希望有关部委……不要矫枉过正、朝令夕改，真正保护光伏行业健康发展。"

剧痛蔓延

但"新政"依旧如期施行。"断奶"的剧痛穿透整个行业。新政出台后的第一个交易日，光伏上市公司哀鸿遍野。

通威股份、阳光电源、林洋能源、中环股份等公司股票直接跌停。6 月 6 日，第 4 个交易日，悲观情绪笼罩中的隆基股份股价继续下跌。当晚，隆基股份宣布控股股东李振国于当日增持部分股份。"自 7 日起三个月内，李振国先生仍将继续增持公司股份，数量不少于 100 万股。"

10月底，上市第七年并不断刷新业绩的隆基股份公布了三季报，当期净利润16.9亿元，同比下降24.53%。放眼行业，新政的威慑力集中体现。营收下滑的15家光伏企业较前一年同期下降7.35%~98.29%；净利润下滑的19家企业较前一年同期下滑26.44%至1968.27%。

有意思的是，绝大多数企业都将"531新政"列在净利润发生重大变动的警示及原因说明中。"销售量减少，收入减少""组件价格大幅下跌"等字样在企业三季报中屡见不鲜。"出售资产"也被直白地写入报表，很多公司主动出售电站等资产变现求生。

被打乱阵脚的还有另外一批人。他们正积极乐观地从美股退市，紧锣密鼓推进私有化和国内上市步伐。

2018年7月17日，晶澳正式从美国纳斯达克退市并成为私有公司；8月3日，韩华新能源宣布重组并主动从纳斯达克退市。此前一年，天合光能已从纳斯达克退市，并完成私有化。2018年回国的旅人中，还有因市值严重缩水而被纽交所摘牌的英利，苗连生曾带领这家公司冲至全球第一大光伏电池板制造商。

"531新政"给蓄力冲击国内资本市场的光伏玩家带来了新的不确定性。由于国内需求不振，海外市场也变得更为重要。

实际上，新政出台折射了政策意图，及其背后的尴尬现状。近年来，补贴政策使装机容量增长迅速。"531新政"出台的前三年，2016年新增装机容量34.54吉瓦，2017年进一步扩大53.06吉瓦，累计装机容量130.25吉瓦。2018年1—4月，已实现新增装机容量8.75吉瓦。

在国际市场上搅弄风云的同时，颇具讽刺意味的是，光伏发电却未能全部进入千家万户。伴随疯狂投资带来的产能过剩，某些地区"弃风弃光"日渐严重。整个 2016 年，西部地区平均弃光率达到 20%，每 5 度光伏发电就有 1 度被浪费。

"531 新政"通过加速补贴退坡，扼住了行业快速扩张的喉咙。依赖补贴大手扶持发展的好日子成为过去。

新政带来行业拐点：集中度加速提高，产业兼并重组大幕拉开。龙头企业趁机加码，并获取更多市场份额；更多的小企业减产、卖身甚至倒闭。

阵痛中，企业转向降低成本，苦练内功开展技术革新，盈利能力和抗风险能力得以提升。

2018 年年底，龙头企业展现了强劲的政策消化能力。隆基股份的营收首次跨入 200 亿元大关。而李振国也更多地出现在国际舞台上，从一个西安的创业者，化身为新能源国际布道者。

唯有经历过阵痛，方能迎来蜕变。

"531 新政"颁布时，有人如此断言"光伏将死！"。各项数据似乎也指向这一结论。中国光伏行业协会统计，2018 年，中国光伏新增装机容量为 44.3 吉瓦，同比下降近 20%。中国超 60% 的光伏企业出现业绩下滑，甚至不少企业业绩出现大幅亏损。

向来财务稳健的隆基也未能幸免。这家单晶龙头当年的净利润同比下滑 28.24%。所有光伏行业上市公司业绩压力骤升，光伏产业似乎再现六年前的悲鸣。

不过，"531新政"最终并没有成为压死骆驼的最后一根稻草。2020年以来，新冠肺炎疫情猝然而至并席卷全球，又一只"黑天鹅"来袭，严重影响了光伏行业从制造到并网全产业链的发展。

因新冠肺炎疫情耽误的工期长达数月后，企业界日前疾呼有关部门放宽政策规定施行时间。但监管层似乎有不一样的考量。多灾多难的光伏行业不得不又一次迎难而上。

从2008年国际金融危机的重创，到2012年"双反"的至暗时刻；从"531新政"的迎头棒击，到新冠肺炎疫情扼住喉咙；光伏行业一次次身临险境，又一次次涅槃崛起。

中国光伏产业的磨难经历证明，在商业世界中，成功是偶然，失败是必然。在不断轮回中，唯有自身强大，才可能立于不败之地。

经历这个过程后，光伏巨头终于醒悟，国家财政不可能无限规模地对这个产业进行补贴。他们需要尽快摆脱对补贴的依赖，自食其力，必须更加重视对技术和产品的创新，加大降本力度，尽快实现平价上网。在这一趋势下，市场与资源也开始分化，呈现出强者恒强的发展态势。

几个月过去，翘首以盼的政策推迟并没有出现，补贴消亡的现实变得更加赤裸无情。但对光伏人来说，在不确定性中寻找确定性，这才是生活的真相。

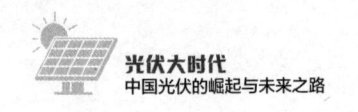

15　疫情淬炼

> 全球新冠肺炎疫情两年，我国光伏产业在危中寻机，坚强前行。先是2020年大规模扩产和价格战，后是2021年上游涨价，全产业链涨价。疫情进一步锻造了这个行业的市场成熟度。

2018年"531新政"事件后，诸多光伏企业生存举步维艰。

虽然企业对国家出台的相关政策颇有微词，但是加速降低成本、摆脱对财政补贴的依赖、进一步提高光伏发电竞争力，已经成为不可扭转的趋势。

截至2018年年底，我国可再生能源发电补贴资金累计缺口增加至2331亿元。鉴于财政补贴压力越来越大，自2019年开始，我国光伏发电相关行业管理政策开始出现重大调整。

这一年，国家采取了优先支持不需要国家补贴的平价光伏项目，对需要国家补贴的项目采取竞争配置确定市场规模的管理方式。

尽管经过竞价最终确定了22.7吉瓦较为可观的装机容量，但因政策出台时间较晚，项目建设时间不足半年，很多项目年底前无法并网，再加上补贴拖欠导致民营企业投资积极性下降等原因，2019年我国光伏竞价项目实际并网量只有目标规模的 1/3，全年累计新增光伏并网装机容量为 30.1 吉瓦，同比下降 32%。

这一年，光伏产品出现大幅降价，降幅最小的是单晶硅片，降幅最大的是多晶电池片，降幅高达 33%，其他产品的降幅多集中在 20% 左右。

不过海外市场的增长弥补了国内市场的下降。得益于此，2019 年我国光伏各环节产业规模依旧保持快速增长势头。2019 年，我国多晶硅产能达到 46.2 万吨，同比增长 19.4%，产量约 34.2 万吨，同比增长 32.0%；硅片产量 134.6 吉瓦，同比增长 25.7%；电池片产量 108.6 吉瓦，同比增长 27.7%；组件产量 98.6 吉瓦，同比增长 17.0%。

在经过一个难熬的 2019 年后，光伏行业尤其是头部企业对 2020 年充满了期待。因为 2020 年是中国对新建光伏电站给予补贴的最后一年。按照政策要求，2021 年开始我国光伏发电将全面进入平价时代。如果不出意外，2020 年又将出现抢装的局面，装机容量可能会大幅增长。

2020 年年初，国际咨询机构 IHS Markit 预计，2020 年全球新增光伏装机容量将达到 142 吉瓦。这一预测值远高于 2019 年 125 吉瓦的全球实际装机容量。中国光伏行业协会也预计，2020 年全球光伏新增装机容量为 130~140 吉瓦，中国国内光伏新增装机容量将达到 40~50 吉瓦，远高于 2019 年的 30.1 吉瓦实际装机容量。

突发"黑天鹅"新冠肺炎疫情

有希望就有失望。随着新冠肺炎疫情的暴发，这场不期而至的"黑天

鹅"很快席卷全球。

新冠肺炎疫情不可避免地对光伏企业的生产经营、电站建设、全球贸易等带来负面影响。疫情对光伏企业的影响主要体现在复工复产延迟、开工率低、需求下降等方面。

2020年2月3日，原本是春节后第一个工作日，但是大部分光伏企业的员工无法准时到岗。光伏组件龙头企业阿特斯遭遇的情况颇具代表性——能复工的员工约在50%以下。与此同时，招聘工作也无法全面启动。订单执行困难、物料供应困难、物流不畅、人员不足等导致开工不足，产业上下游开工率不均衡，导致企业运行难度不断加大。

下游应用环节同样受到冲击。光伏发电项目无法按期并网和申报，弃光限电比例同比上升，电站运维隐患日渐增多。

悲观的氛围也笼罩在资本市场上。受新冠肺炎疫情影响，2020年2月3日，我国A股市场鼠年开市后迎来集体大跌，当日有超过3000只个股跌停，沪指下跌7.72%，深指重挫8.45%，创业板跌6.85%。与其他行业一样，大部分光伏股以跌停的局面迎接开工第一天。

积极应对疫情影响

疫情开始后，无论是企业还是政府部门，都开始寻找应对之策。

政府部门首先在政策上尽可能降低企业各方面的成本。2020年2月7日，国家发展改革委发布《关于疫情防控期间采取支持性两部制电价政

策 降低企业用电成本的通知》，要求在疫情防控期间，降低企业用电成本，支持企业共渡难关。

紧接着，工业和信息化部（简称"工信部"）发布《关于应对新型冠状病毒肺炎疫情帮助中小企业复工复产共渡难关有关工作的通知》，通知从6个方面20条措施，帮助广大中小企业坚定信心，强化措施，实现有序复工复产。

截至2020年2月底，全国各省、市、自治区、直辖市相继发布了约30多条应对疫情支持中小企业渡过难关、促进经济发展的各项政策。这些政策主要集中在财政支持方面，加大信贷支持，减轻企业用于生产经营的成本支出，减税降费落到实处，同时为企业开通需要办理业务的"绿色通道"。

企业同样八仙过海，各显神通。首先是让员工尽早安全到岗。浙江省多个地方政府采取"包飞机、包高铁、包车"等硬核方法，帮助企业接回外地员工。其他省份和企业也不遗余力采取各种措施让员工到岗复工。

当然复工复产的核心力量还是企业。为了尽早复工复产，总部位于浙江省宁波市的光伏逆变器企业——锦浪新能源科技股份有限公司，甚至想到了"共享员工"之策。这家公司2019年员工有近千人，其中外来员工占七成左右。但2020年2月10日复工后，返岗的外来员工仅100余人。一边是用工紧张，一边是市场订单积压。锦浪科技被迫发布"人才共享"计划，在全县招募"共享员工"，以解燃眉之急。

"共享员工"来自各行各业。对于这种模式，无论是企业还是"共享

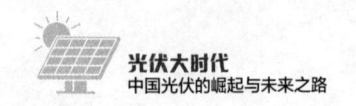

员工"都有顾虑，毕竟行业差别较大。有一位来自餐饮行业的"共享员工"称："起初担心不能胜任，但经过岗前培训和师傅手把手教导后，很快就适应了。"这种模式实现了人力资源"跨企流动"，有效提升了资源配置效率，加快企业产能恢复。截至2020年2月17日，锦浪科技就入职了新员工近300人，其中"共享员工"60人左右，加上老员工陆续返岗，产能恢复九成左右。

供应链和与客户的沟通方式同样需要创新。无法线下拜访客户，光伏企业就采取线上沟通的方式。大部分企业开始利用线上办公和沟通工具，加强与客户、合作单位的有效沟通。

2020年3月，通过政府部门和企业的共同努力，大部分光伏企业都实现了复工复产。继2020年2月出口量下滑之后，2020年3月光伏产品出口量止跌回升至2019年同期水平。至第二季度，光伏制造业已步入正轨，各环节主要企业均实现了满产满销。

纷纷调低光伏装机容量预期

政府部门和企业的积极应对，终究无法规避所有负面影响。2020年一季度，我国新增光伏发电装机容量为395万千瓦，同比下降了24.04%。

对于全球愈演愈烈的新冠肺炎疫情，没有人知道何时能够结束。于是机构开始纷纷调低全行业的预测值，普遍认为，"2020年将是近30多年来全球新增光伏装机容量首次下滑的年份"。

2020年4月23日，国际咨询机构伍德麦肯兹发布了一篇报告，认为受疫情影响，全球经济将面临衰退。该机构不仅将 2020 年全球光伏新增装机容量预测下调了 18%，还将 2021 年的新增装机容量也下调了 3%。

在报告中，伍德麦肯兹首席光伏研究顾问 Tom Heggarty 表示，"我们预计，疫情与油价暴跌将导致全球经济衰退，甚至 2021 年全球光伏行业也将面临严峻挑战。计划于 2021 年交付的项目目前正处于开发与融资阶段。当经济衰退来临时，所有的计划都被按下了暂停键"。

2020 年 5 月，中国光伏行业协会也调整了装机容量预测，并认为，"协会年初预计 2020 年全球新增光伏装机容量为 130～140 吉瓦，现在看肯定会下调"。

光伏企业同样普遍认为当年的市场需求会下滑。正泰新能源总裁陆川当时在接受《财经》杂志采访时表示，"若疫情在三季度好转，则预计 2020 年全球光伏新增装机容量为 110～120 吉瓦。损失的装机需求主要发生在疫情最严重的二季度，分布式装机需求受影响程度更高。但如果全球疫情在二季度得不到控制，今年（2020 年）全球的新增装机容量或低于 100 吉瓦"。

龙头企业逆势大扩张

硬币总有正反面。当中小光伏企业艰难生存之时，疫情却给龙头企业逆势扩张提供了契机。

春节后仅仅过了 8 天，2020 年 2 月 11 日晚间，总部位于成都的电池片龙头企业通威股份迅速发布了一份"规划公告"和"项目公告"。这则

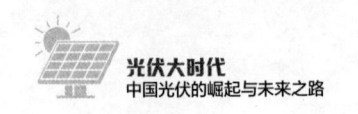

震惊业界的公告提出，计划投资200亿元分期扩产30吉瓦高效光伏电池及配套项目。

在高纯多晶硅方面，通威计划2020年实现产能8万吨，2021年实现产能11.5万~15万吨，2022年实现产能15万~22万吨，2023年实现产能22万~29万吨。在电池片方面，其计划2020年实现电池产能30~40吉瓦，2021年实现电池产能40~60吉瓦，2022年实现电池产能60~80吉瓦，2023年实现电池产能80~100吉瓦。

其中硅料产能的扩张最为引人注目。在做出该决策前，通威的硅料产能仅仅位居全球第三。其竞争对手协鑫集团当时稳居全球最大硅料生产商"宝座"，截至2019年上半年，拥有硅料总产能为11.8万吨。

在疫情防控期间做出这样的投资决策无疑需要智慧和勇气。就在疫情前一年的2019年，硅料环节因为产能供需失衡，价格一度跌穿成本线。甚至在通威逆势大举扩张之后的2020年上半年，多晶硅价格依然处于下跌通道。其中，多晶硅致密料及菜花料的最大价格降幅分别达到了19%和45%，一度跌破老旧产能成本线。亏损的阴霾一直笼罩在多晶硅制造商头上。

但实际上从2020年年初开始，硅料环节已经开始逐渐显现供应紧张的局面。当时一家光伏企业负责人这样评价通威的逆势扩张，"通威扩产是基于今年（2020年）硅料比较紧缺。受疫情影响，目前市场并未有太大感觉"。

在光伏最上游硅料方面，通威毫不遮掩其称霸的野心。它这样做的目的就是希望打造高纯硅料世界龙头地位,试图与第二名拉开差距,同时进一步巩固和提升电池片的世界龙头地位。

通威的逆势投资拉开了新一轮光伏行业扩张序幕。龙头企业对未来市场前景的判断很大程度上不谋而合。

在通威刚刚发布完公告后,单晶龙头企业隆基股份很快"大手笔"跟进。2020年2月12日晚,隆基发布公告称,子公司西安乐叶与西安国家民用航天产业基地管理委员会2月11日签订项目投资协议,就西安乐叶在西安国家民用航天产业基地投资建设年产10吉瓦单晶电池及配套中试项目达成合作意向,投资金额约45亿元。

晶澳也不甘示弱,迅速加入光伏龙头扩产队列。2020年2月18日,晶澳发布公告,公司拟上调此前宣布建设的年产5吉瓦高效电池和10吉瓦高效组件及配套项目的规模。调整后,项目规模达年产10吉瓦高效电池和10吉瓦高效组件,计划总投资102亿元。

据统计,截至2020年年底,中国光伏企业公布了105亿元以上的重大投资项目,总投资额已突破4000亿元。其中,单个项目投资额在10亿元以上的就多达82个,50亿元以上的有22个,100亿元以上也有15个,前三大投资项目投资预算都在200亿元以上。

从投资结构看,新一轮的扩张大部分集中在电池片和组件环节,硅料的投资相对占比较少。这为后来多晶硅价格持续上涨埋下了伏笔,后面我们会重点进行介绍。

当然龙头企业的大举扩产也让产业集中度进一步提升,同时加速落后

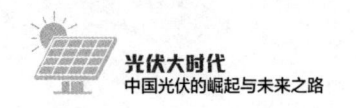

产能和二三线小厂的退出。

V 型反转

受益于光伏组件、逆变器等设备价格的下降，以及地方对新能源的政策支持，2020 年上半年，国内光伏发电系统的建设初始全投资成本持续降低，地面光伏电站的建设初始全投资成本基本已降至 4 元 / 瓦以下，较 2019 年约下降了 13%。光伏发电的竞争力进一步凸显。

伴随各地快速实现复工复产，令业内始料未及的是，2020 年第二季度国内光伏新增装机容量也跃升到 7.55 吉瓦，同比增长 21.77%。这直接带动上半年光伏装机容量实现正增长。2020 年上半年，中国光伏新增装机容量为 11.5 吉瓦，同比增长 0.88%。

从生产环节看，上半年诸多指标实现了大幅增长。其中，多晶硅产量达到 20.5 万吨，同比增长了 32.2%；硅片产量达到 75.0 吉瓦，同比增长了 19.0%；太阳电池产量达到 59.0 吉瓦，同比增长了 15.7%；光伏组件产量达到 53.3 吉瓦，同比增长了 13.4%。

从 2020 年三季度开始，在需求带动下，多晶硅料、光伏玻璃、EVA 胶膜等因供应紧张导致原辅材料价格上涨，光伏组件价格随之反弹。

尽管光伏产品价格有所反弹，但光伏发电竞争力依然在持续提升。2020 年，全球光伏发电中标电价继续下降，这一年年中全球就有三个项目接连创造了最低中标电价。2020 年 8 月，位于葡萄牙一光伏项目中标电价达到了 0.0112 欧元 / 千瓦时，折合当时人民币价格约 0.091 元 / 千瓦时。这一电价比 2019 年最低中标电价降低了 0.324 美分 / 千瓦时，降幅达到 19.7%。

2020 年，我国光伏发电项目中标电价也刷新最低纪录，青海海南州一光伏发电竞价项目中标电价为 0.2427 元 / 千瓦时，低于 2019 年达拉特旗光伏项目 0.26 元 / 千瓦时的电价。除此之外，卡塔尔、阿联酋、印度等国光伏中标电价也打破了原来的最低纪录。光伏发电价格已经在全球越来越多的国家及地区低于火电，成为最具竞争力的电力产品。

从全年来看，2020 年中国多晶硅产量 39.2 万吨，同比增长 14.6%；硅片产量 161.3 吉瓦，同比增长 19.7%；电池片产量 134.8 吉瓦，同比增长 22.2%；组件产量 124.6 吉瓦，同比增长 26.4%。同年，我国光伏新增和累计装机容量继续保持了全球第一，国内光伏新增装机容量达 48.2 吉瓦，超过年初疫情发生之初的预期，甚至创下历史第二新高，同比增长 60%，特别是集中式电站同比增长了近 83%；截至 2020 年年底，我国光伏累计并网装机容量达 253 吉瓦，同比增长 23.5%；全年光伏发电量 2605 亿千瓦时，同比增长 16.2%，占我国全年总发电量的 3.5%，同比提高 0.4 个百分点。

从全球看，市场同样持续保持快速增长。疫情初期，"2020 年将是近 30 多年来全球新增光伏装机容量首次下滑的年份"的悲观预测烟消云散。根据咨询机构 IHS Markit 数据，尽管受到多重因素影响，2020 年全球光伏新增装机容量仍达到 138 吉瓦，相较 2019 年 125 吉瓦的新增装机容量提高约 10%。

这些亮眼的数据达到了疫情发生前研究机构对全年市场的发展预期，证明了全球市场对光伏需求的韧性。

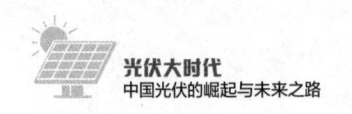

16 "双碳"目标历史机遇

> 2020年9月22日,国家主席习近平在第七十五届联合国大会一般性辩论上首次提出"双碳"目标。"中国将提高国家自主贡献力度,采取更加有力的政策和措施,二氧化碳排放力争于2030年前达到峰值,努力争取2060年前实现碳中和。"这一表态给光伏行业带来了历史性机遇。

2020年7月,全球能源互联网发展合作组织发布了两份重磅报告——《新发展理念的中国能源变革转型研究》《中国"十四五"电力发展规划研究》。

这两份名称看似中规中矩的报告,提出了一个震惊业内外的观点——"十四五"期间,中国风电和光伏新增装机容量分别有望达到2.9亿千瓦、3.2亿千瓦,那么风电和光伏年均新增装机容量分别为5800万千瓦与6400万千瓦,合计为1.22亿千瓦。

要知道这两份报告发布之前,按照此前新能源发展态势,"十三五"期间中国风电和光伏年均新增装机容量分别为2323万千瓦与3940万千瓦。据此数据对比会发现,风电在"十四五"期间的年均新增装机容量将实现倍增，光伏年均新增装机容量也将出现 60% 以上的增长。

这个令人瞠目的研究结论，很快在业内外引起广泛讨论。一些人认为，风电和光伏合计 1.22 亿千瓦的年均新增装机容量过于乐观，是一个难以实现的目标。反驳的理由是，按照"十三五"前四年的数据计算，中国每年新增总发电装机容量约为 1.2 亿千瓦，如果"十四五"风电和光伏年均新增装机容量为 1.22 亿千瓦，相当于煤电、气电和水电等其他发电都不发展了，发展空间全部给了新能源领域。

这看似是一个较为有力的反驳理由。但是时间仅仅过去两个月，这一驳斥理由便荡然无存。以光伏为首的新能源行业迎来了真正属于自己的时代。

"双碳"目标横空出世

这个时代被称为"碳中和时代"。

2020 年 9 月 22 日，国家主席习近平在第七十五届联合国大会一般性辩论上提出"双碳"目标。"中国将提高国家自主贡献力度，采取更加有力的政策和措施，二氧化碳排放力争于 2030 年前达到峰值，努力争取 2060 年前实现碳中和。"

这一表态很快在国内外掀起热浪。

所谓碳达峰，是指二氧化碳排放达到峰值后不再增长，实现稳定或开始下降。根据世界资源研究所 2017 年发布的报告，当时全世界已有 49 个国家实现碳达峰,占全球碳排放总量的36%。其中,欧盟已于20世纪90年代实现碳达峰,峰值为45亿吨;美国则在2007年实现了这一目标,峰值为59亿吨。而我国实现碳达峰的预测峰值将超过110亿吨。

所谓碳中和,是指二氧化碳达到人为碳排放和碳去除的平衡,即二氧化碳净零排放。一方面,我们要通过清洁能源取代化石能源、提升能效等方式降低碳排放;另一方面,我们要通过植树造林、CCUS(碳捕集、利用与封存)技术等提升碳去除水平。

两个多月后,习近平主席又在气候雄心峰会上重申"双碳"目标。他进一步宣布:"到2030年,中国单位国内生产总值二氧化碳排放将比2005年下降65%以上,非化石能源占一次能源消费比重将达到25%左右,森林蓄积量将比2005年增加60亿立方米,风电、太阳能发电总装机容量将达到12亿千瓦以上。"

这一宣告相比5年前的目标,非化石能源消费比重提高了5个百分点,森林蓄积量提高了15亿立方米。国家领导人向国际社会公开承诺"双碳"目标,彰显出我国在《巴黎协定》框架下继续扮演全球气候治理领导者的决心与信心。

为配合国家领导人在国际舞台上的中国宣言,我国国内也开始掀起一场自上而下的"双碳"热潮。

2020年中央经济工作会议、2021年和2022年国务院政府工作报告、国家"十四五"规划、中共中央政治局会议等相继将碳达峰和碳中和作为重点任务强调。2021年10月,《中共中央 国务院关于完整准确全面贯彻新发展理念做好碳达峰碳中和工作的意见》作为顶层设计文件正式出台。

全球碳中和浪潮

如果只是中国宣布碳中和目标，还不足以称其为大时代。

在中国宣布碳中和目标前，欧盟已于2020年7月宣布碳中和时间表，其目标是2050年前实现碳中和这一宏伟计划。而在欧盟宣布该项目标前，已经有30多个国家宣布碳中和时间表。

作为全球第二大经济体和最大的碳排放国，中国的一举一动备受瞩目。自中国宣布碳中和目标后，日本、韩国也很快宣布碳中和时间表。2021年4月22日，拜登总统正式宣布了美国将于2050年实现碳中和目标。2021年11月1日，印度总理莫迪在第26届联合国气候变化大会上宣布印度将于2070年实现碳中和。俄罗斯也在第26届联合国气候变化大会上宣布将于2060年前实现碳中和目标。

截至2022年8月，全球已经有130个国家宣布碳中和时间表。这意味着，占全球经济总量85%以上的国家，都开始走上低碳排放发展之路。无论是发达国家还是发展中国家，碳中和已经成为其发展转型的主流和方向。

这场全人类为应对全球气候危机、守护蔚蓝地球所采取的行动无疑具有深远的影响。

2021年4月，在香山科学会议上，科学技术部部长王志刚表示，"碳

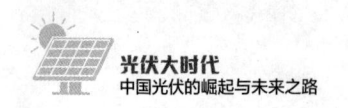

达峰、碳中和将带来一场由科技革命引起的经济社会环境的重大变革,其意义不亚于三次工业革命。"

实现"双碳"目标靠什么?

实现"双碳"目标,已经成为未来40年我国经济社会发展的国策。那么如何实现"双碳"目标,笔者在《碳中和革命:未来40年中国经济社会大变局》一书给出过详细的论述。

从能源到工业、交通、建筑,甚至到农业,只有全面实现净零碳排放,才能从根本上实现碳中和目标。

目前,大多数发达国家将碳中和目标锁定在2050年。从碳达峰到碳中和,发达国家有60~70年的过渡期,而留给我国的只有30年左右的时间,加之我国将面临经济社会全面绿色转型的挑战,实现"双碳"目标无疑任重而道远。

碳中和要求控制温室气体排放,希望温室气体的排放与大自然吸收相平衡。而温室气体绝大部分是化石能源燃烧排放的二氧化碳,因此能源系统转型成为首要的任务。

能源系统转型则要求能源系统从过去以化石能源为主体向可再生能源为主体转化,能源消费的形式也将由多元化发展向电气化为主转变。

而在可再生能源中,光伏将因其成本下降更迅速、应用场景更广泛成为最具发展潜力的新能源类型。

光伏的发展契机

"双碳"目标的提出,彻底点燃了光伏行业的雄心壮志,拨开了笼罩在光伏从业者头顶上的全球新冠肺炎疫情的阴霾,也让全球能源互联网发展合作组织超前的预测成为现实。

此后我国几家主要的研究智囊机构基于"双碳"目标,一致认为"十四五"期间中国风电和光伏年均新增装机容量应保持在 1.1 亿~1.2 亿千瓦,甚至更高才能如期完成碳中和目标。

那么光伏未来的发展空间到底有多大?

全球能源互联网发展合作组织在其出版的《中国碳中和之路》中进行过详细阐述。按照其设计的中国碳中和路径,预计我国光伏新增装机容量将从 2020 年年底的 253 吉瓦,分别增长至 2025 年的 560 吉瓦、2030 年的 1000 吉瓦、2050 年的 3270 吉瓦与 2060 年的 3550 吉瓦(见图 16-1)。

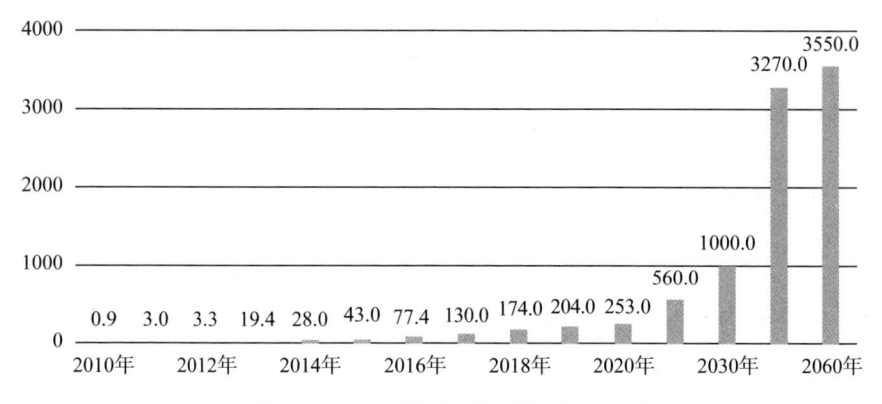

图 16-1 中国光伏发电装机容量预测(吉瓦)

(数据来源:《中国碳中和之路》)

按照这一预测值，"十四五"期间我国光伏年均新增装机容量为61吉瓦，"十五五"期间年均新增装机容量更是将达到88吉瓦，远高于"十二五"和"十三五"期间的8.6吉瓦与42吉瓦。

在2021年2月举行的年度会议上，中国光伏行业协会曾预计，2021年我国光伏新增装机容量可达55~65吉瓦，全球光伏新增总装机容量将达到150~170吉瓦，均创历史新高。在"双碳"目标下，"十四五"期间我国光伏市场将迎来市场化建设高峰，预计国内光伏年均新增装机容量在70~90吉瓦。

从实际情况看，中国光伏行业协会的预计基本符合预期。2021年我国光伏新增装机容量达到54.88吉瓦，创下历史新高，同比增长13.9%，全球实现光伏新增装机容量170吉瓦。

从制造端来看，2021年中国多晶硅产量为50.5万吨，同比增长28.8%；硅片产量为227吉瓦，同比增长40.7%；电池片产量为198吉瓦，同比增长46.9%；组件产量为182吉瓦，同比增长46.1%，四个制造环节累计产值突破7500亿元，光伏产品（硅片、电池片、组件）出口额创历史新高，超过280亿美元，光伏累计装机容量突破3亿千瓦大关。

截至2021年年底，我国光伏组件产量连续15年居全球首位，多晶硅产量连续11年居全球首位，光伏新增装机容量连续9年居全球首位，累计装机容量连续7年居全球首位。

光伏迎来了真正属于自己的大时代。

PART 4
第四部分

超越的启示

在第四部分，你将看到"双碳"目标提出后，光伏产业迎来了一个新的时代。而我国"双碳"目标提出的坚实基础是，以光伏为代表的可再生能源技术迅速发展壮大。在这个过程中，中国光伏产业在全球市场从初露峥嵘到所向披靡，从"三头在外"到自力更生，表现出了强劲的生命力和创新力，令外界对光伏产业又有了一个全新的认知。当然，在产业一片欣欣向荣的同时仍需警惕，光伏企业无论是从战略选择还是技术创新上来说都不能掉以轻心。

17　无补贴时代到来

> 经过数十年的努力，中国光伏产业终于"断奶"，进入了无补贴时代，迎来了属于自己的大时代。

这绝对是中国光伏史上一个里程碑事件：2021年无补贴时代到来。

至此，伴随中国光伏产业发展长达20余年的补贴政策彻底消失，行业进入完全依靠自主发展的新时期。

这是一个受补贴政策影响极大的行业。从功过参半的"金太阳"工程，到改弦度电补贴，再到取消补贴政策，曾经在世界光伏版图中籍籍无名的中国，也在这个过程中迅速跻身全球装机容量第一名。

光伏，与高铁一起，成为中国的"国际名片"。

双重考虑

2022年8月，光伏行业迎来了一个重大的利好消息——国家发展改革委、财政部、国资委授权分别设立北京和广州可再生能源发展结算服务有限公司。两家新公司的定位是，承担我国可再生能源补贴资金管理业务，且不以盈利为目的，将在财政拨款基础上补贴资金缺口。按照市场化原则通过专项融资解决资金，专项融资本息在可再生能源发展基金预算中列支。

按照这一运作方式，可再生能源补贴拖欠问题终于迎刃而解。

执行多年的可再生能源补贴，主要来源于《中华人民共和国可再生能源法》规定并设立的"可再生能源发展基金"。

该法案实施以来，"可再生能源电价附加标准"历经了五次调整，2006年最初征收标准为0.001元/千瓦时，伴随可再生能源规模的不断扩大，2008年上调至0.002元，2009年上调至0.004元，2011年上调至0.008元，2013年上调至0.015元，2016年上调至0.019元并延续至今。

2015年之前，我国可再生能源发展基金可基本实现收支平衡。自2015年开始，伴随新能源产业爆发式增长，可再生能源发展基金缺口快速扩大。截至2016年年底，我国可再生能源补贴缺口已超700亿元。

2016年曾有专家建议，将我国可再生能源电价附加标准上调至0.03元，即可满足全部补贴需求，但未获通过。这使得"十三五"以来"可再生能源电价附加标准"征收额远低于实际需求，导致补贴缺口持续加大。

到2019年年底补贴缺口累计超过2600亿元，2020年年底更是突破3000亿元。如2020年可再生能源电价附加收入为892.29亿元，可再生能源电价附加收入安排的支出为923.56亿元。

同时，可再生能源电价附加标准也未能足额征收，2015—2019年征收率不到85%，每年约有200亿元应收未收资金。

这也是为何2018年5月31日国家出台历史上最严光伏新政的重要原因。

当然这也并非唯一原因。经过20多年的快速发展，全球光伏技术进步显著，成本大幅下降。根据国际可再生能源署发布的《2018年全球可再生能源发电成本报告》，2018年全球光伏度电成本为0.085美元/千瓦时，同比2010年下降了77%。90%的光伏，其发电规模的成本区间为0.058～0.219美元/千瓦时，逐步接近化石燃料发电成本。

光伏系统价格的下降超出预期，国内愈加接近平价上网的临界点。

从平价示范到无补贴时代

从2018年开始，国家已经开始要求加速降低光伏的补贴力度。2018年5月31日，国家发展改革委、财政部、国家能源局联合印发了《关于2018年光伏发电有关事项的通知》，就要求加快光伏发电补贴退坡，降低补贴强度，并"鼓励各地根据各自实际出台政策支持光伏产业发展，根据接网消纳条件和相关要求自行安排各类不需要国家补贴的光伏发电项目"。

2019年1月，国家发展改革委、国家能源局联合印发了《关于积极推进风电、光伏发电无补贴平价上网有关工作的通知》，从优化投资环境、保障优先发电和全额保障性收购、鼓励通过绿证交易获得合理收益补偿、落实电网企业接网工程建设责任、降低就近直接交易输配电价及收费、创新金融支持方式等 12 个方面提出了推进风电、光伏发电平价上网试点项目建设的有关要求和支持政策措施。此举意味着，我国的光伏发电将逐步迈入平价上网时代。

同年 5 月，国家发展改革委、国家能源局正式公布 2019 年第一批平价上网光伏电站项目名单，共有 16 个省（自治区、直辖市）能源主管部门向国家能源局报送了 2019 年第一批风电、光伏发电平价上网项目名单，总装机容量 2076 万千瓦，其中光伏占到 1478 万千瓦。这标志着平价光伏电站项目建设就此拉开序幕。

有别于 2019 年之前的补贴项目，所谓平价光伏电站项目没有国家补贴，其上网电价等同于当地燃煤机组的上网电价。

到了 2021 年 6 月，国家发展改革委正式发布《关于 2021 年新能源上网电价政策有关事项的通知》，提出从 2021 年起，对新备案集中式光伏电站和工商业分布式光伏项目，中央财政不再补贴，实行平价上网。2021 年新建项目上网电价，按当地燃煤发电基准价执行；新建项目可自愿通过参与市场化交易形成上网电价，以更好地体现光伏发电的绿色电力价值。这标志着无补贴时代正式到来。

不过挑战随之而至。一方面，从 2020 年下半年开始，多晶硅价格及光伏产业链其他材料、设备价格一路上涨，加之多地对光伏电站的建设普遍要求配置一定比例的储能系统用以辅助并网，增加了光伏电站的投资。总体看，光伏电站的发电成本还有所提高，而上网电价已执行各地燃煤基准价，甚至稍低于燃煤基准价，导致光伏电站投资回报率急剧下滑，如果把握不好甚至可能陷入亏损境地。另一方面，企业在进行平价光伏电站项

目建设过程中，因为没有补贴，不能采取与补贴项目完全相同的管理措施，须针对平价光伏项目的特点，在技术方案上不断优化，在建设过程中采取合理的管控措施，同时要提升在电力市场中的交易能力。

这些新的问题对产业链提出了更高的要求。

18 从被低估到成为资本的宠儿

> 光伏行业从过去被广泛误解,到如今成为资本的宠儿,仿佛朝夕之间。但这背后,却是全体光伏人多年来一路披荆斩棘,谱写的创业之歌。

一直以来,外界对光伏行业普遍存在三大误解,并由此导致资本长期低估光伏行业的韧性和发展潜力。

这些误解伴随我国"双碳"目标的提出,以及全球应对气候变化浪潮的加剧,被逐渐削弱,资本对光伏行业的态度出现了反转。

三大误解

第一大误解认为光伏是高污染、高能耗行业。

光伏制造业主要包括晶硅提纯、硅锭切片、光伏电池和光伏组件四个环节。晶硅提纯需要消耗大量的电能,所谓的"高污染、高能耗"主要针对这一环节。

不少质疑的文章认为,光伏是"一个以低碳为标志却实则高能耗、高

成本的行业""下游光伏电站看似环保，但是上游的多晶硅制造却是不折不扣的高污染、高能耗的行业""晶硅提纯消耗的电能主要来自煤电，也是高污染的"。

十余年以前，甚至有高级别的专家也认为，"光伏发电表面上看在使用当中是没有污染的，是清洁能源，但是光伏电池在制造过程当中要消耗大量的能源，而且造成大量的污染。光伏电池寿命期内所发的电，甚至还不能补偿它在生产制造过程当中所消耗的电能，这怎么能够大规模发展！"

事实上，从全寿命周期来看，光伏组件生产过程中消耗的电力仅需一年多时间即可全部回收，而组件的质保普遍在25~30年，可以贡献20余年的清洁电力。

与此同时，光伏发电成本越来越低，从2021年开始，我国光伏发电已实现全面平价上网，并且成本还在继续下降，通过光伏发出来的电制造光伏产品已经成为可能。比如隆基等企业就提出了solar for solar（从太阳能到太阳能）的理念，要用光伏组件做清洁能源的放大器。这将从源头上实现清洁化制造，让光伏彻底成为零碳能源。

第二大误解认为光伏发电不稳定、靠不住。

一直以来，电力系统对光伏发电都持有这种观点。现实中，光伏发电出力曲线的变化具有强规律性、强随机性等特征，昼夜交替、地球自身旋转以及地球围绕太阳公转导致出力曲线呈周期性变化，而大气云层运动等气象变化又使得出力曲线呈强随机性变化。

比如一旦出现连续一周甚至更长时间的阴雨天气，光伏发电能力就会大幅下降。冬季和夏季光照时长也会有较大差异。这种季节性和长周期变化，对于电力系统的平衡的确构成巨大挑战。

不过挑战并非无法克服。我国当前正在构建的新型电力系统，其中一个关键任务就是解决光伏发电、风力发电不稳定性的挑战。伴随储能成本的下降和新型电力系统的建设，以及氢能市场的发展，电力系统和储能将拥有充足的调解功能。所谓光伏发电不稳定的质疑将会迎刃而解，当然这需要一个漫长的过程。

第三大误解认为光伏发电能量密度低，不适合大规模推广。

能量密度是指单位能源介质能够释放出的能量。从单位面积上看，煤炭、石油、天然气等化石能源的能量密度远高于光伏发电。曾经有专家认为，用光伏这种低密度能源发电，好比"用洗脸盆儿接水来发水电"，无法想象光伏发电怎么能够大面积推广！

但是如果从另一个角度看，从光伏全产业链追溯至所有环节，同时考虑30年的使用周期，生产1吉瓦光伏组件消耗的电量将产生45倍的发电量。也就是说，硅作为重点载体，硅基能源的能量密度是碳基能源煤炭的3000倍。

更关键的是，光伏发电能量密度低，但并不代表不适合大规模推广。我国太阳能资源丰富，技术可开发装机容量超过1172亿千瓦，目前开发率仅为0.25%，大规模开发完全能够满足我国能源需求。我国太阳能资源主要集中在西藏、青海、新疆中南部、内蒙古中西部、甘肃、宁夏等西部

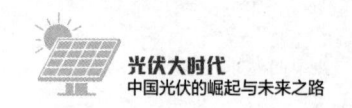

和北部地区，年平均辐照强度超过 1800 千瓦时／平方米，是东中部地区的 1.5 倍。

在东中部地区，虽然光照资源相对较弱，但光伏具有其他能源不可比拟的最大优势，那就是与建筑相结合。到 2050 年全国屋顶和南立面可利用面积将达到 380 亿平方米，假设 50% 用于安装光伏，则可利用面积为 190 亿平方米，最大可装机容量为 15 亿千瓦。

"一朝被蛇咬，十年怕井绳"

在这种误解影响下，甚至到了 2020 年年中，隆基股份的高层在与投资者交流时发现，绝大部分投资机构仍然对光伏上市公司抱有偏见。

这一偏见的直接表现是，资本市场对光伏行业上市公司的估值较低。以 2020 年 6 月底隆基股份和宁德时代两家公司表现为例，2019 年隆基股份和宁德时代营业收入分别为 328.97 亿元、457.88 亿元，归属于母公司所有者的净利润分别为 52.80 亿元、45.60 亿元，但是作为光伏行业龙头上市公司，隆基股份市值当时仅有 1500 亿元左右，而主营动力电池的宁德时代市值却远高于隆基股份，已经接近 4000 亿元。

这不怪投资者，他们"一朝被蛇咬，十年怕井绳"。在 2011 年之前光伏行业第一波造富过程中涌现出了一批上市公司，比如尚德、江西赛维 LDK 等全球知名的光伏龙头企业。这些昔日的明星上市公司，甚至成为投资机构一度引以为豪的经典投资案例。但不幸的是，包括这两家公司在内的多家企业因未能控制好风险，倒在了黎明前。大部分投资者在尚德、赛维 LDK 等当时光伏头部公司的投资上损失惨重。

过去 20 多年来，光伏行业遭遇过数次重大危机。作为一个典型的政策性、周期性行业，因为发电成本较高，光伏行业需要依靠各国的财政补贴发展。一旦某个国家财政出现困难或紧张局面，就会降低甚至取消补贴。同时，为了保护本国的光伏产业，某些国家甚至频繁动用反倾销、反补贴"双反"大棒，对我国光伏企业征收高额关税。光伏企业仿若大海上的船舶，每隔几年遭遇的重大危机就像惊涛骇浪或暗礁，考验着舵手的智慧。一旦舵手判断失策，企业便会步入万劫不复的境地。

经过 20 多年的创新与发展，我国光伏行业已今非昔比，实现了从量变到质变的提升。光伏行业迎来了前所未有的两大转变：第一，过去十年时间，光伏行业发电成本降低了 85% 以上，成为全球最具竞争力的清洁能源，从 2021 年开始，我国光伏行业彻底摆脱了补贴依赖；第二，2020 年 9 月 22 日，我国向全球宣布了"双碳"目标，为光伏行业的可持续发展提供了一条康庄大道。

资本蜂拥而至

两大转变促使资本市场大幅提升光伏行业上市公司估值。

"双碳"目标提出后仅仅过了数个交易日，在 2020 年 10 月 9 日，隆基股份市值就突破了 3000 亿元，成为当时全球市值最高的光伏企业！

十多年前，在全球资本市场上只有 13 家光伏企业，其中 8 家在纳斯达克上市、5 家在 A 股上市，当年整体光伏收入约为 324 亿元。

据行业机构统计发现，截至 2020 年 12 月 18 日收盘，164 家 A 股光伏上市公司总市值合计为 20465.57 亿元，较年初增长了 11884.61 亿元。对于中国光伏资本市场而言，这无疑是里程碑的事件。

2021 年 7 月 8 日，隆基股份市值又突破 5000 亿元，再次彰显了光伏行业深受资本市场的追捧。

2022 年 8 月 18 日，逆变器上市公司锦浪科技市值也正式突破 1000 亿元，市盈率为 100 多倍，成为 A 股第 11 家破千亿的光伏上市公司。2021 年锦浪科技营业收入为 33.12 亿元，归属于母公司所有者的净利润为 14.74 亿元。

自"双碳"目标宣布后，国内光伏行业使大量的国内外知名投资机构蜂拥而至。

2020 年 9 月，高瓴资本认购港股上市公司信义光能增发配股中的 2.3 亿股，出资金额达 5.8 亿港元，后者是全球最大的太阳能光伏玻璃制造商。

2020 年 12 月，高瓴资本又以 5 亿元认购了"高效电池＋多晶硅"龙头通威股份的定增股份。

最知名的一笔交易是高瓴资本宣布以 158 亿元的价格收购隆基股份 6% 的股份，引起 A 股市场投资者关注。

收购方式是，隆基股份股东李春安拟通过协议转让的方式向高瓴资本转让其持有的公司股份，每股转让价格为 70 元，占公司总股本的 6%。收购时，隆基股份股价为 77.65 元左右。

在这一收购案宣布前，隆基股份的股价在两年内已上涨约 5 倍，随着收购案的宣布，股份又得以继续上涨。

不仅是二级市场给出更高的估值，光伏在一级市场中同样炙手可热。

2021 年 3 月，红杉中国宣布进入"双碳"领域，并与远景科技集团共同成立总规模 100 亿元的碳中和基金—远景红杉碳中和基金，首期募集 50 亿元，聚焦"双碳"领域技术创新。基金成立之初，作为著名风险投资人，红杉中国创始及执行合伙人沈南鹏表示，碳中和已经从对理念解读的作文题，变成了一道可推导计算的数学题，碳中和行为的落地也成为红杉中国探索的方向。

沈南鹏认为，"以新能源的发展为驱动力，各个产业的技术、装备、价值链，以及相关的生态基础都会经历一场'绿色工业革命'，从而实现适应'零碳'未来的新产业和新生态，'零碳'未来深刻引导着产业和生态的变革方向"。

同月，中金资本也联合光伏巨头协鑫集团成立了百亿碳中和产业基金。

除了红杉中国、高瓴资本、中金资本，IDG 资本、华润资本等其他头部投资机构也相继介入赛道。与此同时，政府或央企也相继发起设立了规模庞大的碳中和母基金，产业资本与地方投资平台开始积极布局。

据 IIR 研究院不完全汇总及核查统计，截至 2022 年 4 月 10 日，于中国证券投资基金业协会备案的"双碳"概念基金共计 239 只，剔除已注销、无投资、投资领域非相关或壳公司等，具备碳中和基因的共计 150 只，仅注册资本累计已达 2521.51 亿元。

这些大规模资金的强力注入，无疑说明资本对以光伏为首的碳中和产业高度看好。

从过去被广泛误解，到如今成为资本的香饽饽，仿佛朝夕之间。但这背后，却是全体光伏人 20 多年来的披荆斩棘和艰苦创业。

光伏产业一直在争议中前行。

19 从"三头在外"到自力更生

> 早期的中国光伏产业是"三头在外"的格局。如今,"三头在外"的问题不仅得以解决,中国光伏企业在全球市场还所向披靡。

光伏作为中国实现能源转型及能源安全保障的重要能源形式,光伏产业早在 20 年前就被认为是巨大的蓝海,并因此创造了各种造富神话。然而,早期的光伏产业却是"三头在外"的格局——原料在外、市场在外、核心设备在外,整个行业基本处在受制于人的状态。

为应对欧美的"双反",10 年以前,我国光伏行业开始了产业结构大调整,伴随这次大调整,国内市场正式开启,光伏行业也开始转向独立自主。

10 年后的今天,中国的光伏产业"内循环"成效显著,已经实现了中国光伏制造业世界第一、中国光伏发电装机容量世界第一、中国光伏发电量世界第一的壮举。

当今,提到中国光伏产业的地位,媒体常用"一张中国的世界名片"来形容。10 多年过去了,光伏应用市场已经呈现遍地开花的局面,并成为领先美国且具有极大竞争优势的产业,在产业规模、技术水平、生产制

造和企业实力上均有体现。

如今,"三头在外"的问题基本得以解决。

"三头在外"问题

首先,我国的硅料产业已趋成熟,并在全球占据一席之地。不同于10多年前受制于人的草莽时代,如今,全球硅料生产头部企业中,多晶硅产量绝大部分来自中国,占比80%以上,已可完全满足光伏行业需求。

光伏产业链分为硅料、硅片、电池片、组件、应用系统五大环节。上游原材料为硅料,也被称作多晶硅。越往上游,扩产周期越长。组件3个月就可以投产,硅料则需要一两年时间。

硅料是聚集财富的乌亮黄金,也是充满诅咒的魔法石。硅料上一次凸显其在产业链中的王者地位,是在10多年前。彼时的新能源首富经历了"拥硅为王"的岁月,但"成也萧何败也萧何",硅料同时也成为其命运转变的关键因素。

尚德的多晶硅长单,赛维LDK的马洪硅料厂,英利的六九硅业,都加速了其从风口坠落。

多晶硅生产需要常年保持平稳运行的状态,但下游光伏市场则受政策影响巨大,季节性波动也较为明显,因此会产生上下游供需的不匹配。企业往上下游扩产的好处在于不会被卡脖子,但也存在一旦技术被替代便会形成产业负担的风险。所以,上下游企业多以合作形式对冲市场波动,下游企业不会贸然进入上游领地。

如今,我国硅料环节已形成"2+3"的竞争格局,分别为协鑫集团、通威股份两家巨头公司和东方希望、新特能源、大全新能源三家龙头企业。2019年,这5家硅料企业产量占比达到77.8%,较2018年60.5%的产量占比,集中度进一步提升。

这背后显示的是强者恒强的格局态势。而该领域小企业能否保持市场份额甚至持续发展,决定性因素是技术革新和成本控制能力。我国的硅料生产从工艺设计到设备制造等皆已摆脱外企扼喉,实现了国产化。以协鑫集团和通威股份为首的硅料企业,各自带着成熟的工艺、精细化管理和较低的成本角逐全球硅料市场。

其次,从下游应用市场来看,我国的光伏产业海外市场繁荣,国内市场也非常火爆。

从2013年起,也就是中国遭遇"双反"的第二年,我国光伏发电连续8年保持新增装机容量全球第一,累计装机容量连续6年位居全球第一。截至2020年年底,我国光伏发电累计装机容量达到约253吉瓦。2022年上半年,我国光伏新增装机容量30.88吉瓦,同比大幅增长137.4%。

除了硅料,就连最难的光伏装备制造领域,我国也已经基本进行自主研发生产,并在世界舞台上占据一席之地。

产业链自主可控,是我国光伏产业屹立于世界之巅的底气。

目前,中国光伏企业已经完全占据了国内光伏市场,在国际市场也是

独占鳌头，当前排名全球前十的光伏企业，中国企业更是霸榜，占据了绝大部分。据统计，在全球主要光伏产业链前十大企业中，中国公司的数量分别为：硅料6家、硅片10家、电池片8家、组件8家。在硅料、硅片、电池片、组件4个环节产量在全球分别排名前十的40家企业中，中国企业共有34家。

《新时代的中国能源发展》白皮书提到，截至2019年年底，我国硅料、硅片、电池片、组件的产量分别约占全球总产量份额的67%、91%、79%、71%，逆变器产量占全球市场的80%以上，出口量占全球45%以上，产品遍及全球200多个国家和地区。

这些环节的自力更生和成本下降，对我国光伏行业全球领先贡献颇大。

以逆变器为例，逆变器衔接交直流系统，影响电站收益、电能质量。逆变器的终端成本占比虽然不到10%，但对整个电站来说，成本的下降带来的仍是一笔不小的数字。如集中式逆变器，过去十几年间，其售价已从此前的2元/瓦价格大幅下降至目前的0.2元/瓦左右，对实现发电侧平价有重要贡献。

我国逆变器产业的发展同样经历了海外主导、国产替代、降价洗牌、深度调整等几个主要发展阶段。逆变器企业也由近500家收缩至10余家。沉淀至今的企业大多具备深厚的研发功底和市场经验，在多场景要求下的各种细分市场中形成了明显的竞争优势。

早期，以德国老牌逆变器企业SMA为代表的海外企业占据绝对优势。2009年SMA全球市场份额达到37%，与包括奥地利逆变器制造商Frounis、德国光伏逆变器制造商KACO在内的其余4家企业占据约60%的市场份额。

作为我国逆变器企业，总部位于安徽合肥的阳光电源在2003年推出国内首台完全自主知识产权的并网逆变器。2009年前后，国内一大批企业注意到这个领域。在高盈利的诱惑下，大量电力电子相关的设备制造企业转向生产光伏逆变器，但产品质量参差不齐，大部分企业不具备持续研发能力。

但在中国企业的不断努力下，逆变器成本价格大幅下降。2012年"双反"前后，在价格大跌和需求锐减双重压力下，逆变器企业经历第一轮洗牌。昔日占据主导地位的外资品牌开始逐渐退出国内市场。

2014年前后，华为也盯上了光伏逆变器市场。之所以选择逆变器，是因为在光伏电力数字化过程中，逆变器是关键的接入点、信息传输管道，甚至是"大脑"。耗时3年，华为推出了第一款光伏逆变器。与此同时，发现光伏并不好做的德国西门子和德国博世不约而同宣布退出光伏领域。

区别于行业同质化竞争，华为推行的是组串式逆变器。组串式逆变器不受组串间模块差异和遮影的影响，减少了光伏组件最佳工作点与逆变器不匹配的情况，故障发生时的损失也较低，且生命周期维护成本更低，客观上增加了发电量，降低了维护成本。

2015年，华为一举超过SMA，跃居逆变器领域全球第一，也带动组

串式逆变器应用场景的铺开。而2016年前后，国内分布式光伏市场的崛起，为我国古瑞瓦特、固德威、锦浪科技等组串式逆变器企业提供了成长空间。也是在这一时期，全球逆变器市场的主要份额转而由国内企业占据。

如今，从全球逆变器市场竞争格局来看，国内企业名列前茅。2021年华为、阳光电源、锦浪科技和古瑞瓦特等四家国产逆变器企业已经成功占据了全球逆变器出货量前四的席位。全球前10大逆变器品牌当中，中国品牌独占6席（见图19-1）。

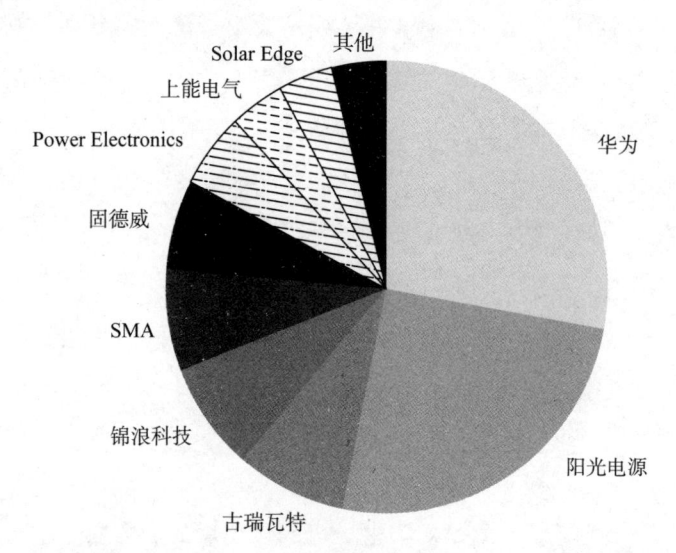

图19-1 截至2021年全球逆变器供应商市占率（以出货量口径统计）

而在所有创新中，硅片环节的创新成为重中之重，也成为影响我国光伏产业竞争格局最重要的变数。

自力更生背后，光伏行业发展离不开政策支持与技术创新。

2013 年以来，我国相继出台一系列利好光伏产业的政策，光伏市场从此按下快进键。直至 2019 年，无补贴平价、市场化竞争配置、户用光伏单独补贴政策陆续出台，我国光伏产业步入市场化良性发展轨道。

尤其值得一提的是，近几年，我国光伏技术水平始终引领全球，特别是在"领跑者"计划的推动下，产业创新活力不断被激发，产品降本增效明显。

目前，我国光伏硅片大尺寸化已成大趋势，PERC 发射极钝化和背面接触电池（Passivated Emitter and Rear Contact）、TOPCon 隧穿氧化层钝化接触电池（Tunnel Oxide Passiv-ated Contact）、HJT 具有本征非晶层的异质结电池（Hetero-Junction with Intrinsic Thin-layer）等高效电池转换效率不断攀升，半片、双面双玻、多主栅（MBB）、叠瓦等组件技术百花齐放。特别是以隆基股份为代表的企业，在 TOPCon 和异质结效率上刷新多项世界纪录，预示着新一代电池时代已不再遥远。

技术迭代，倒逼成本继续下降。中国光伏行业协会数据显示，10 余年来光伏系统成本下降超过 90%，光伏电价在越来越多的国家和地区已经低于火电电价，成为最具竞争力的电力产品。

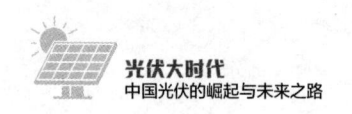

20 光伏制造设备的逆袭

> 光伏设备制造是产业链上至关重要的一环，曾经是我国光伏行业发展的最重要掣肘，只能依靠进口。伴随光伏产业的发展，光伏设备制造最终也实现了全面国产化。

光伏成本大幅下降和市场爆发式增长，光伏制造设备的不断革新功不可没。

比如多晶硅铸造炉的发明及改进使多晶硅铸造形成规模化生产，在材料成本优势助力下，多晶硅电池产量持续增加，于1998年超过单晶硅电池成为光伏市场的主导产品。线锯的发明使硅片生产效率大幅提高、切片损失和硅片厚度大幅降低，直接降低了晶硅电池生产成本。用于多晶硅电池钝化和减反射图层的等离子体增强化学气相沉积装备（PECVD），对提高商业化多晶硅效率发挥了重要作用。全自动化丝印机及分选机则提高了商业化电池性能与生产效率，扩大了生产规模。

与我国光伏制造产业成长为全球领先优势产业一样，我国光伏设备产业的国际竞争力也在逐年提升，并最终实现了逆袭，现在已基本实现了多晶硅、硅片、太阳电池、光伏组件等各个产业链环节设备的全面国产化替代，部分设备的性能指标优于国外设备制造企业的产品。

2002年以前，我国光伏制造设备多数依赖进口。外资品牌凭借垄断优势卖给中国企业的光伏设备价格居高不下，形成明显的卖方市场，时常出现受制于人的窘境。

为了打破掣肘，我国部分企业开始通过引进先进工艺、加强技术联合攻关的方式，开启了设备国产化进程。从2003年起，国内企业先后研制出一些国产化设备，如中国电子科技集团研制了全自动硅片装片机，苏州库德勒研制了在线式清洗制绒设备，天津必利优研制了全自动光伏电池片焊接机，秦皇岛博硕光电研制了电池组件封装设备。

在众多设备国产化过程中，多晶硅铸造炉一直是最大的难题之一。在2007年以前，国内的多晶硅铸锭炉市场一直被美国多晶硅生产技术及设备供应商GT Solar等国外厂商垄断。2007年，精功机电研究所成功研发了我国第一台240千克级多晶硅铸锭炉——JJL240型多晶硅铸锭炉，填补了国家在先进太阳能多晶硅专用设备领域的空白。一年后，该公司又在此基础上研制成功了世界领先的新一代大型多晶硅铸锭炉——JJL500型多晶硅铸锭炉。从此，一批中国企业开始进入多晶硅铸锭炉研发和生产领域，并迅速实现了国产化。

在中国企业进入前，GT Solar每台多晶硅铸造炉单价在400多万元，而国产铸锭炉单价只有200多万元，虽然质量尚有一定距离，但性价比优势明显。

中国设备企业后来居上

近年来，在中国光伏设备企业的竞争压力下，外资企业开拓国内市场的难度越来越大，导致外资光伏设备制造企业的销售收入连年下滑，新增设备订单量持续萎缩。

2018年，部分国内企业扩产还选用国外设备制造企业的设备，但伴随我国光伏设备技术、产能、自动化水平的不断提升，到2019年国内主要光伏企业的扩产均采用国产设备。比如在PERC电池扩产方面，大部分企业在选择背钝化设备时，已逐步抛弃瑞士太阳能生产设备制造商Meyer Burger公司的解决方案，转向国内江苏微导、捷佳伟创等设备厂商。

在硅片端的设备领域，目前单晶炉市场基本被国内晶盛机电、连城数控、北方华创这3家企业占据，多线切割机市场则几乎被国内高测股份、连城数控、上机数控这3家企业占据；在电池端设备领域，背钝化设备新增市场已基本被国内捷佳伟创、江苏微导、理想晶延半导体设备（上海）有限公司、深圳丰盛装备股份有限公司等几家企业占据。

2019年，国内外光伏设备产业呈现出截然不同的发展态势。国外设备企业的光伏业务销售收入均出现不同程度的下滑，有的甚至取消光伏业务；而国内光伏设备制造企业的销售收入则延续了之前快速增长的势头。

在中国企业的步步紧逼下，瑞士Meyer Burger公司已经先后精简了硅片、部分组件生产设备等光伏业务，2019年其新增设备订单额同比下降了24%，不得已出售了其位于瑞士格瓦特的公司总部大楼。2019年4月，美国光伏制造设备商Amtech公司也宣布退出光伏领域，6月其出售了子公司 SoLayTec，并于 2020 年 1 月完成了其子公司 Tempress 光伏业务的出售。丝网印刷设备制造企业德国 ASYS 公司和英国 DEK 公司在 2019 年也基本没有出货。德国机械制造商 Manz 公司 2019 年的新增光伏设备订单额也下滑至 810 万欧元，同比减少了 75.1%。

2019 年，全球光伏设备产业的销售收入增加至 50 亿美元（见图 20-1），同比增长了 4.2%。我国光伏设备的市场规模达到了 250 亿元，同比增长了 13.6%，占全球市场规模的 71.4%。

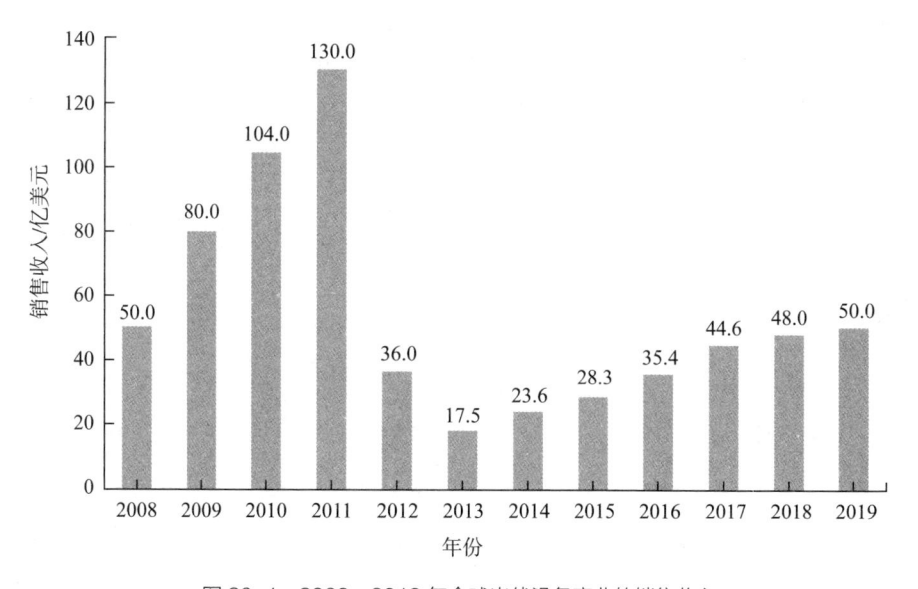

图 20-1　2008—2019 年全球光伏设备产业的销售收入

逆袭背后仍不可掉以轻心

虽然我国光伏设备产业已取得较好成绩，但仍然存在一些问题。

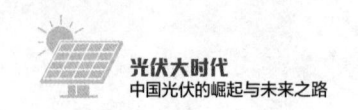

在这方面，赛迪智库集成电路研究所进行过深入研究。他们认为，部分光伏设备的关键部件仍然依赖进口。以目前已经实现国产化的 n 型电池用离子注入机为例，其内部所需的高压电源、真空泵、真空计等核心基础部件基本依赖进口。这些部件的采购费用占据了设备材料成本相当大的比重。用于 PERC 电池生产的激光开槽设备虽然已能实现国产化，但该设备的核心部件，高性能皮秒与纳秒激光器仍然依赖进口。

此外，国产设备在信息化、智能化方面与国外制造企业相比仍有差距。国产零部件难以满足智能装备产品的质量要求，比如可编程逻辑控制器（PLC）、高精度机械臂、伺服电机、精密丝杠导轨、高性能控制器、高端传感器等部件。智能装备制造中，许多精密零部件产品都依赖进口。

同时，在我国企业的竞争压力下，国外光伏设备制造企业已经将业务重点转向下一代高效太阳电池技术所需设备的制造，比如 TOPCon、HJT 等高效电池技术的生产设备。

2019 年，瑞士 Meyer Burger 公司分别与英国 Oxford PV 公司、北美太阳电池制造初创公司签订了异质结电池生产核心设备的销售合同，未来也准备将销售重心转向欧洲。德国光伏设备制造商 Singulus 公司同样将业务重心转向 PERC 电池用背钝化、激光开槽设备，HJT 电池用湿化学和物理气相沉积装备（PVD）设备，TOPCon 电池用臭氧清洗、等离子体增强化学气相沉积装备（PECVD）和 PVD 设备。

相对此前，在 TOPCon、HJT 下一代高效电池设备领域，我国设备企业与国际品牌差距并不是太大。过去十几年中，全球新的太阳电池技术主要由国外研究机构、生产机构提出，国外设备制造企业首先开发设备，然后再引入国内。而最新的 TOPCon、HJT 等高效电池技术，国内设备制造企业在中试环节就开始与电池生产企业紧密合作，不断创新。

在 TOPCon 电池技术方面，低压硼扩散、低压化学气相淀积装备（LPCVD）等关键设备均已实现国产化，且成熟度高，吉瓦级设备的投资额较 PERC 电池技术仅增加 20%～30%。在异质结 HJT 电池技术方面，苏州迈为、捷佳伟创等都在打造整条生产线供应能力，并积极与下游电池生产企业合作，开展工艺验证工作，金辰股份也在布局 HJT 太阳电池镀膜机（PECVD 和 PVD 设备）。

不过还要看到差距。在 TOPCon 核心装备方面，硼扩散炉和 LPCVD 至关重要。低压扩散是光伏生产中的关键环节，低压扩散炉装备的性能直接影响电池的效率和产能。赛迪智库集成电路研究所进行过对比，他们认为，"相比于国外进口的设备，国产装备的产能有优势，但装备性能方面存在问题，如方阻均匀性较低、装备正常运行时间低等问题，一定程度上影响了电池片的效率及方阻均匀性。除此之外，国产设备在实际生产当中易出现石英件易粘连的问题。随着 TOPCon 电池的推广应用，国内光伏装备仍需突破高温真空密封技术、快速回温控制技术、高精度温度控制技术、压力精确控制技术、尾气防腐处理技术、自动控制技术、自动上下料及自动传输等硼扩散技术，以提升设备的性能。"

LPCVD 是 TOPCon 电池制备多晶硅薄膜的关键装备。由于其制备的薄膜具有质量优异、均匀性好、产量高的特点，广泛应用于微电子等行业在中氧化硅、氮化硅和多晶硅等薄膜的制备。目前工艺装备现阶段却仅有荷兰 Tempress、德国 Centrothem、法国 Semco 等国外装备厂商研发并

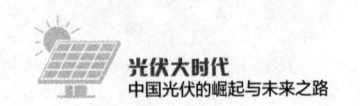

推出了 TOPCon 电池用量产型 LPCVD 装备，国内 LPCVD 装备尚处于不成熟阶段，随着晶硅电池技术不断升级换代，LPCVD 装备具有巨大的市场潜力。赛迪智库集成电路研究所认为，"对比进口装备来看，国产装备虽然产能大，但稳定性与工艺水平不如进口装备。仍存在低压工艺难以控制，成膜均匀性不高，影响了光伏电池的效率、产能及成本。不仅如此，国产 LPCVD 装备在运行过程中易产生非晶硅并附着在石英器件上，导致石英器件使用寿命降低、装备维护周期缩短。未来国产装备需攻克高温真空密封技术、高精度温度控制技术、压力精确控制技术、自动上下料及自动传动等技术，实现单管产能 2000 片 / 管，本征非晶硅均匀性 5% 以内，提高国际市场上装备竞争力。"

在 HJT 电池技术核心装备方面，主要包括 PVD、PECVD 装备。当前 PECVD 装备仍以进口为主，国外厂商包括瑞士 Meyer Burger 公司、美国 AMAT 公司等，其中 Meyer Burger 公司通过优化等离子体技术，开发一种称为 S-Cube 等离子体技术，有助于实现极低污染和均匀沉积，装备产能达到 2400 片硅片 / 小时。赛迪智库集成电路研究所认为，"对比进口装备来看，国产装备在装备产能、成膜均匀性、装备有效运行时间等装备关键指标上存在差距。同时在预热、控温精度、清洗、传动方式等可能影响装备性能的因素上同样需持续挖潜，推动装备不断迭代。PECVD 装备未来的主要优化方向是在保证镀膜质量的同时提升装备产能，且硬件成本的增加幅度需尽可能小于产能提升幅度，从而达到降本的目标。"

在未来高效的电池技术方面，国产设备制造企业虽然与国际上最先进的技术仍有一定的差距，但是凭借价格与就近服务的优势，有望在高效太阳电池技术上引领产业发展。

21 专业化与一体化战略

> *过去 20 年中，光伏产业围绕专业化还是垂直一体化战略争议，在两次重大事件中表现得尤其鲜明。*

自从中国光伏行业在全球市场崛起，光伏企业家就一直在寻找企业基业长青的密码。这个密码是专业化还是垂直一体化，一直存在争议。

过去 20 年中，这种争议在两次重大事件中表现得尤其鲜明。第一次发生于 2018 年前后，当时的争论焦点是，民企光伏制造商是否应该染指下游光伏电站。第二次发生于 2021 年的多晶硅大战，并由此引发了光伏企业垂直一体化扩张潮。

民企该不该染指光伏电站

自 2018 年"531 新政"事件之后，中国光伏行业陷入新一轮危机。与前几次危机不同的是，那些深度染指下游光伏电站领域的民企，成为此次危机的风暴中心。

新一轮危机从 2017 年就已显露迹象，其中最为典型的两家公司是江

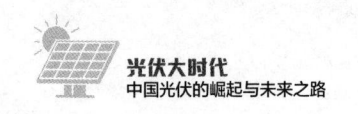

苏绿能宝融资租赁有限公司和协鑫集团。当然这两家公司后来的结局不尽相同。

先来看江苏绿能宝融资租赁有限公司。2018年7月，一份苏州市公安局的文件，将消失在公众视野多年的前新能源首富彭小峰再次带回到聚光灯下。不过这次迎接他的不是掌声和鲜花，而是一起诉讼。据《中国企业家》杂志报道，江苏绿能宝融资租赁有限公司及实控人因涉嫌非法吸收公众存款被起诉。

这家看似互联网金融的公司由彭小峰创办，主要业务方向是通过旗下互联网融资平台投资光伏电站业务。从赛维LDK出局后，他曾经押宝于此，希望借此重回光伏之巅。

2014年4月底，屡败屡战的彭小峰只身一人来到香港，拜访他的北大光华管理学院EMBA同学、联合金融集团主席蔡朝晖。蔡朝晖曾联同内地中式快餐连锁集团真功夫创办人合组财团以十亿元资金收购陷于危机的福记，一度轰动业界。

在蔡朝晖位于香港中环的办公室，两人喝着茶，彭小峰开始向蔡朝晖介绍绿能宝。这位德州扑克玩家，当天就把投资大方向定了下来，不到一个月资金就到账。

事后，彭小峰回忆，他是这样说服蔡朝晖的。他要解决建设分布式小型光伏电站企业的痛点，一些分布式小型光伏电站在建设期无法获得银行贷款，资金紧缺，搭建一个阳光动力能源互联网平台，出售绿能宝的产品，投资者购买便可获得太阳能发电板的所有权，然后委托给绿能宝，出租给太阳能发电企业，用于其建设电站。

这看似是一个完美的商业故事。推出"绿能宝"后，彭小峰仅仅用 9 个月时间就完成了总计 3.2 亿美元的 6 轮融资：2014 年 5 月，完成 2175 万美元的普通股私募配售；2014 年 7 月 29 日，完成 2500 万美元普通股的私募配售；2014 年 10 月 21 日，完成 4380 万美元普通股的私募配售；2014 年 11 月 7 日，完成 4825 万美元普通股的私募配售；2014 年 12 月 15 日，在史玉柱的牵头下完成总额达 1.4 亿美元私募配售购买协议；2015 年 1 月 30 日，又宣布完成 7000 万美元的私募配售安排。

在 2015 年 1 月 20 日召开的新闻发布会上，史玉柱、许家印、蔡朝晖、陈义红等人还通过视频录制"我为 SPI 代言"为彭小峰站台。一周后，彭小峰在微博中写道："叶子的离开，不是风的追求，也不是树的挽留，而是命运的安排。有时候离开并不意味着结束，而是另一种开始！"

仅用了一年，SPI 成功转板纳斯达克，成为第二家在美上市的中国互联网金融企业。一时之间彭小峰又风头无二。

但是这个看似完美的商业故事，需要建立在稳定的现金流基础之上。然而截至 2017 年年底，我国可再生能源补贴拖欠累计达 1127 亿元，其中光伏发电 455 亿元。到 2018 年年底，累计补贴缺口更是高达 2331 亿元。当时鲜有人预料到国内光伏电站建设速度如此之快，这也直接导致光伏补贴的财政缺口越来越大。

曾以为光伏电站是一个香饽饽，没想到成为烫嘴的山芋。彭小峰创办的绿能宝本质上采用 P2P 模式。由于光伏补贴不能及时到位，加上管理混

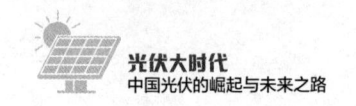

乱，2017年无法及时偿还投资者的到期债务，最终绿能宝将彭小峰彻底拉入深渊。与彭小峰一同掉入深渊的，是绿能宝的投资者。

另外一个故事发生在协鑫集团身上。

在我国碳达峰、碳中和目标提出前，如果将2018年看成我国光伏行业的分水岭，那么上半场就是中国光伏企业的盛宴。伴随2013年国内市场启动至2018年，中国国内光伏电站新增装机容量实现爆发式增长，分别为9.58吉瓦、10.56吉瓦、15.13吉瓦、34.15吉瓦、53.06吉瓦、44.26吉瓦，分别同比增长199.38%、10.23%、43.28%、125.71%、49.52%、-16.58%。

在上半场竞争中，在海内外市场共同加持下，中国光伏制造商赚得盆满钵满。因为补贴较高，那些染指下游光伏电站领域的民营制造商似乎也收获了大量财富。

但是"纸面财富"终究不敌现实。2019年6月初，我国发电央企华能集团宣布将收购港股上市公司协鑫新能源51%的股份。这一消息在光伏行业掀起巨大波澜。后者是国内最大新能源民企协鑫集团旗下主营光伏电站的上市公司，也是中国光伏电站领域装机容量最大的民企，其装机容量仅次于发电央企国家电力投资集团，在很长一段时间都稳居国内第二的位置。

此后虽然华能集团由于种种原因未能实施上述收购方案，不过还是收购了协鑫新能源的部分光伏电站资产，同时国家电力投资集团、中核集团、三峡集团、中国广核集团、京能集团等央企分别从协鑫手中购下了部分光伏电站。

下游电站原本是国有发电集团擅长的领域，但是在不菲的利润诱惑下，光伏制造商也开始向下游电站领域延伸。一方面它们可以获取丰富的利润，另一方面还可以带动公司组件的销售。

民营光伏企业涉足光伏电站还源于一个因素——国企更愿意投资大型地面电站，分布式及一些中小型地面电站则成为民企的机遇。对于国企而言，除了光伏电站，还有一个选择，那就是单量投资规模更大的风电领域。

在很长一段时间内，国企与民企在光伏电站投资领域势均力敌。在国企大军中，除了国家电力投资集团，其他发电集团对光伏电站兴趣并不大，它们更愿意投资体量较大的风电市场。

在光伏电站补贴较高、利润空间较大的时期，即便融资成本较高，民企依然有不错的投资利润空间。当然这一切需要建立在现金流正常的情况下。

从2018年开始，协鑫集团、隆基股份等民企不得不频繁出售旗下的光伏电站，以回笼资金，确保现金流。

尤其是伴随平价上网时代到来，拥有绝对资金成本优势的国企加速入场。从2019年6月起，各大国企在光伏电站领域动作频频，光伏电站的股权交易活跃程度已经超越了以往任何一个年份。华能集团、水发集团、南钢集团等国有企业携巨资入局。

从下半场开始，民企不得不重新找准定位，收缩战线。

此前诸多光伏民企经营业务拓展过快、过宽，从专业化逐渐向一体化方

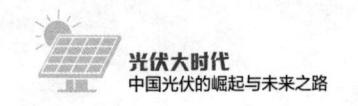

向延伸，导致出现企业运转过程中资产负债率过高和现金流紧张的局面。

到了生死存亡之际，企业只能选择断臂求生，重新找准自己的定位，做自己最擅长的制造研发环节。

对于国企而言，因为平价上网进程加速，光伏系统制造成本逐年下降，一年以后就要实现全面平价上网，届时的电站利润空间将被大幅压缩，国企的资金成本优势也将更加凸显。

国企加速入场成为产业发展的新起点。它们携带庞大资金，为市场注入了更加鲜活的动力。在平价时代，从电站开发者来看，大型地面电站将是国企的天下。而分布式电站由于小型、分散、手续繁杂等问题，以光伏组件、逆变器、EPC 为主业的龙头民企，在做好制造业的同时，依然有机会开辟这一阵地。

多晶硅大战引发垂直一体化扩张潮

如果说民企该不该染指光伏电站，引发了关于中国光伏企业第一轮战略大讨论，那么后来发生的多晶硅大战引发的垂直一体化扩张潮，则将中国光伏企业战略大讨论推向了高潮。

从 2020 年第三季度开始，多晶硅价格开始出现持续上涨态势。截至 2022 年 8 月底，我国多晶硅价格已经出现了年内 29 次上涨，价格从 2020 年的 6 万元 / 吨，飙升至 30 万元 / 吨，上涨到近 5 倍。多晶硅再次成为光伏产业链中利润最丰沛的环节。上一次这个局面还是发生在 2008 年之前。在前面章节，我们已经给大家介绍过当时多晶硅的疯狂程度，以及由此引发的后遗症。

多晶硅价格持续上涨不断蚕食下游的利润空间。众多硅片、电池、组件企业开始思考是否要进军多晶硅领域。

2022年4月,在"拥硅为王"的局面下,我国光伏硅片龙头企业中环股份突然宣布,将联合TCL在内蒙古呼和浩特市投资206亿元建设中环产业城项目群,规划和建设包括12万吨产能高纯多晶硅项目、半导体单晶硅材料及配套项目、国家级硅材料研发中心项目。

两个月后,另一大光伏组件龙头企业天合光能宣布,计划在青海投资建设天合光能（西宁）新能源产业园项目,其中就包括建设年产30万吨工业硅、年产15万吨高纯多晶硅、年产35吉瓦单晶硅。

下游向上游延伸产业链,上游企业同样在试图向下游拓展。

2021年4月,硅料和电池片龙头通威股份宣布,拟公开发行总额不超过120亿元A股可转债,募集资金拟用于硅料项目、15吉瓦单晶拉棒切方项目以及补充流动资金。单晶拉棒切方是制作硅片的工艺流程之一,这意味着此次可转债发行后,通威将可全力切入硅片环节参与竞争。

除进军硅片环节,通威还渗透进了组件环节。2022年8月17日,华润电力公示第五批3吉瓦的光伏组件集采候选人名单中,作为昔日的多晶硅和电池龙头,通威入围前三,并且以1.942元每瓦的最低投标价、58.27亿元的总投标价格,成为第一候选企业。这一则"意外"消息,引发了组件行业的巨震。消息公布后,组件巨头天合光能股价大跌15%,晶澳的股价下跌近10%,刚刚更名为隆基绿能的隆基股份,股价跌幅也近8%,而

通威股份当天却上涨约 5%。

事实上，从 2013 年收购合肥赛维 LDK 起，通威就开始进军组件环节，只是多年来并未真正发力。此后，通威在此基础上不断进行研发，推进和少量扩产，截至 2022 年年中，拥有 6 吉瓦的组件产能。

龙头企业向上下游延伸的扩张潮，带动垂直一体化战略模式成为越来越多厂商的选择。当然，这也引发了垂直一体化战略是否正确的大讨论。

针对这一现象，经济学家、北京大学经济学院研究员及客座教授钟朋荣撰写过一篇文章——《企业战略选择：垂直一体化，还是专业化？》。"垂直一体化不是解决产能失衡和价格波动的良策。"他认为，解决光伏行业产业链的内部失调问题，有多种办法，如增设期货品种、上下游企业之间的股权合作、长期供货合同、政府储备调节、企业垂直一体化等。在这众多办法中，企业垂直一体化并非最佳选择。

二次创业的昔日尚德创始人施正荣也认为，一个成熟的产业应该分工明确。在 2022 年年初接受媒体采访时，他认为，"我发现很多企业还是纠结：我到底是做垂直整合还是专业化？我当年是认定了要做专业的，供应链可以跟人家合作、互补。但是现在有些公司可能还抱有垂直整合的想法，有些不知所措。2021 年多晶硅供应紧张，有人深感痛苦，没有上游的硅，利润一下子就给吃掉了，所以下一步该怎么办？这种纠结普遍存在"。

历史上企业因多元化扩张失败的案例比比皆是。比如福特汽车，在 19 世纪 20—30 年代，这家汽车巨头将制造汽车零部件的许多生产过程整合到自己公司，来生产自己的橡胶和钢铁。这种整合的一大优势是，福特控制了关键零部件的质量，同时也提高了品牌信誉。但是福特实行垂直一体化后，因为需要照顾生产程序的每个步骤，无法实现专门的战略核心技术和内部管理。而专门生产某个零部件的公司运作成本更低，并可根据客户的需求进行产品定制。20世纪末，福特开始意识到垂直一体化整合运作的不足，决定提高自己的核心竞争力，将中小型生产活动进行外包。最终福特的垂直一体化战略模式走向瓦解。

当然国际上也不乏企业管理大师看好垂直一体化甚至多元化战略。"日本经营之父"稻盛和夫就认为，企业应该进行多元化扩张。"面对经济和市场环境的波动，多元化经营就像是一种缓冲材料，能够减少企业所受到的冲击。"

稻盛和夫发现，一旦经济环境开始改善，不管是大企业还是中小企业，一定会着手开拓新事业。比如，经营咖啡店的企业顺风顺水地开了多家连锁店，接下来就会想在其他领域赚钱，可一旦新领域的发展受挫，就会立刻收手。如此反复，永无休止。这个道理适用于各个行业和各家企业——一旦经济景气、业绩增长，就忍不住去开拓各种新事业。

当然，他也承认，凭个人兴趣搞多元化，会把公司带入危机。"必须拼命努力，确保所有事业、所有产品都盈利。容忍亏损是不对的。"

在光伏领域，企业到底应该选择专业化还是垂直一体化战略，归根结底取决于哪一种更有利于构筑企业的核心竞争力。

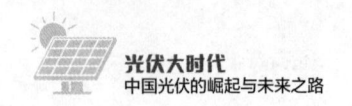

22 达摩克利斯之剑

> 原有的技术似乎是一把达摩克利斯之剑，可以帮助企业夺取市场，也可能掉下来革了企业的命。为实现降本提效，光伏行业一直在不断地寻求更加高效的电池技术，其中PERC、钙钛矿、异质结是业内关注的主流技术，这些技术各有所长，谁先取得突破，谁就可能占据主动位置。

2022年5月5日，宁德时代董事长曾毓群在公司业绩发布会上透露，公司钙钛矿光伏电池研究进展顺利，正在搭建中试线。

这在光伏行业引发了广泛关注。作为拥有万亿级市值的动力电池巨头，宁德时代是我国资本市场的风向标之一，通过投资钙钛矿进军光伏行业，无疑说明资本高度看好钙钛矿光伏电池技术的发展前景。

相比于化石能源的资源属性，光伏正是依靠其科技属性成为先进的生产力。这种科技属性也有其"硬币"的正反面。正面是，通过科技创新，多年来光伏的转化率不断提高，成本逐渐下降。反面是，原有的技术似乎是一把达摩克利斯之剑，可以助企业夺取市场，也可能掉下来革了企业的命。

在光伏技术发展过程中，20世纪60年代以来，基于晶圆的晶体硅光伏电池一直是占主导地位的光伏技术，并且仍在不断进步。在过去十年中，学术界和工业界都取得了多项技术突破。薄膜电池在全球市场的占有率 20 世纪 80 年代一度达到 30% 以上，但之后因技术迭代不及晶硅电池褪去光环。截至 2021 年年底，全球薄膜电池产量 8.28 吉瓦，市场占有率仅为 3.8%，处于历史低位，其中碲化镉电池占比为 97%，铜铟镓硒电池产量 245 兆瓦，占比为 3%。

竞争即便是在晶体硅光伏电池领域也是非常激烈的，技术主导也经历了从单晶到多晶再到单晶的转变。

2022 年 8 月，作为昔日单晶技术的主导者，李振国在中国工程院创办的英文学术期刊 *Engineering* 上发表评述论文 *Prospects of Photovoltaic Technology*，从光伏技术发展趋势、应用场景延展等维度，论述了光伏电池技术的发展情况及未来前景论述了光伏电池技术的发展情况及未来前景（见图 22-1）。

他认为，未来 10 年，晶体硅光伏电池仍将是光伏产业的主流技术路径，随着先进技术的应用和新技术的突破，商业规模晶体硅光伏电池的转化率将不断提升。在第一阶段，即未来 5 年内，先进钝化接触技术（TOPCon 和 HJT）的商业化对于推动大规模晶体硅光伏电池转化率达到 24% 以上具有重要意义。

p 型电池时代进入瓶颈期

全球首个光伏电池诞生至今已有近 70 年历史。在前面章节，我们提过从技术角度看，单晶和多晶曾是光伏产业最大的技术路线之争，从 20

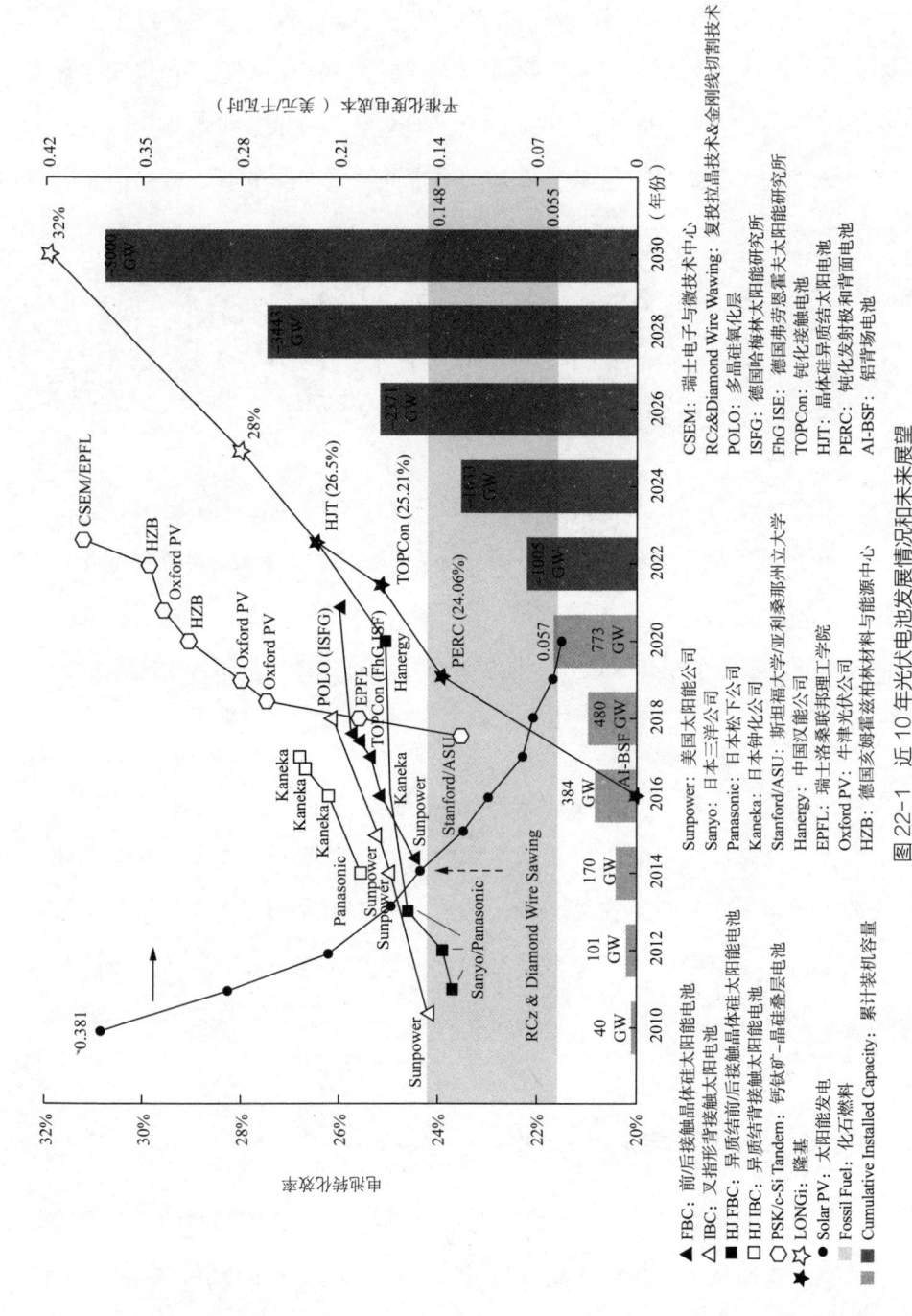

光伏大时代
中国光伏的崛起与未来之路

图 22-1 近 10 年光伏电池发展情况和未来展望

（数据来源：*Engineering* 刊发的 *Prospects of Photovoltaic Technology*。中文备注由本书作者添加。）

FBC：前/后接触晶体硅太阳能电池
IBC：叉指形背接触太阳能电池
HJ FBC：异质结前/后接触晶体硅太阳能电池
HJ IBC：异质结背接触晶体硅太阳能电池
PSK/c-Si Tandem：钙钛矿-晶硅叠层电池
LONGi：隆基
Solar PV：太阳能发电
Fossil Fuel：化石燃料
Cumulative Installed Capacity：累计装机容量

Sunpower：美国太阳能公司
Sanyo：日本三洋公司
Panasonic：日本松下公司
Kaneka：日本钟化公司
Stanford/ASU：斯坦福大学/亚利桑那州立大学
Hanergy：中国汉能公司
EPFL：瑞士洛桑联邦理工学院
Oxford PV：牛津光伏公司
HZB：德国亥姆霍兹柏林材料与能源中心

CSEM：瑞士电子与微技术中心
RCz&Diamond Wire Wawing：复拉单晶技术&金刚线切割技术
POLO：多晶硅氧化层
FhG ISE：德国弗劳恩霍夫太阳能研究所
TOPCon：钝化接触电池
HJT：晶体硅异质结太阳能电池
PERC：钝化发射极和背面电池
AI-BSF：铝背场电池

164

世纪 70 年代开始持续了约半个世纪。虽然多晶自出现以来的转换效率和实验潜力一直低于单晶，但是晶体硅光伏电池最早由单晶主导，后来多晶设备和技术攻克后，因成本下降更快，其综合竞争力开始凸显，2017 年前还一度占据了市场的绝对主流。单晶的崛起同样如此，因为拉晶炉的创新以及采用金刚线切割技术等方式大幅降低了成本，从而单晶逐渐取代了多晶的江湖地位。

从另一个维度看，目前市场上主流的光伏电池主要分为 p 型与 n 型两种。这两种技术都可以应用在单多晶上，且在发电原理上并无差异，最大的区别是原材料硅片：p 型硅片中掺杂了硼元素，而 n 型硅片中掺杂磷元素。

依照生产技术工艺不同，p 型电池又分为 BSF（铝背场电池）、PERC（钝化发射极和背面电池）以及 PERC+ 电池；而 n 型电池则分为 HJT（晶体硅异质结太阳电池）、TOPCon（钝化接触电池）及 IBC（叉指形背接触太阳电池）电池（见表 22-1）。

表 22-1

p 型电池		Al-BSF	铝背场电池
		PERC	钝化发射极和背面电池
		MWT	金属环绕贯穿太阳电池
n 型电池	同质结	PERL	钝化发射极背面定域扩散电池
		PERL	钝化发射极背面全扩散电池
		EWT	发射区环绕贯穿电池
		TOPCon	钝化接触电池
		IBC	叉指形背接触太阳电池
	异质结	HJT	本征非晶硅薄层/晶体硅异质结太阳电池
		HBC	全背电极背接触异质结太阳电池
叠层太阳电池		GaAs/Si	砷化镓/硅叠层电池
		Perovskite/Si	钙钛矿/硅叠层电池

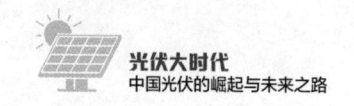

2015 年之前，p 型电池中 BSF 电池占了总市场的 90%，是绝对的主流。2015 年 PERC 完成商业化验证，电池量产效率首次超过 BSF 瓶颈的 20%，正式进入扩产阶段。PERC 也是在传统 BSF 电池的基础上，通过钝化膜来钝化电池背面，从而增强光线在硅基的内背反射，提升电池效率。2016 年之后，PERC 电池开始接棒起跑。到 2020 年，PERC 电池在全球市场中的占比已经超过 85%，BSF 电池被淘汰出局。

PERC 技术发展过程中，还曾出现过 MWT（金属环绕贯穿太阳电池）、PERL（钝化发射极背面定域扩散电池）、PERT（钝化发射极背面全扩散电池）、EWT（发射区环绕贯穿电池）等技术，但因 PERC 的规模化挤压，或性价比不高，均未实现大规模量产。

p 型 PERC 电池经过 5 年发展，已逐步逼近理论效率极限，目前产线量产效率在 23% 左右，理论极限效率 24.5%，未来提升空间有限，瓶颈明显，且提升难度极大。

光伏要进一步降低发电成本，必须采用新的技术路线，即 n 型电池。

TOPCon 和 HJT 谁能挑起技术变革的大梁

根据德国哈梅林太阳能研究所的数据，PERC、HJT、TOPCon 电池的理论极限效率分别为 24.5%、27.5%、28.7%，并预计到 2030 年，n 型电池的转换效率将超过 25.5%，比 p 型电池高出 1 个百分点以上。

尽管 n 型电池有三种，但理论层面，目前能得到商业化普及的其实只有 TOPCon 和 HJT 两种。

从生产工艺层面看，TOPCon 需要 10 道工艺，HJT 核心工艺只要 4 道，相比之下，IBC 的工艺则极度复杂。从转换效率层面看，目前 HJT 的量产最高效率为 25.05%，TOPCon 为 24.5%，IBC 最低，只有 24%。从投资成本层面看，当前 TOPCon 单吉瓦设备投资额约 2.5 亿元；HJT 单吉瓦设备投资额在 4 亿～4.5 亿元；IBC 的设备投资额则接近 5 亿元，投资额在三种路线中是最高的。IBC 工艺复杂，量产转换率低，且投资额高，目前尚不被主流市场认可。

那么 TOPCon 和 HJT 这两种技术谁能挑起未来技术变革的大梁呢？

从最近两年的发展形势看，TOPCon 市场份额提升更快。根据 EnergyTrend 的数据，2020 年新增的 n 型产能中，TOPCon 和 HJT 分别占了 50% 和 30%。

不过 HJT 技术更被看好。虽然 HJT 理论极限效率低于 TOPCon，但是其能与钙钛矿电池形成叠层电池进而达到 29% 的效率，而 TOPCon 技术很难与钙钛矿电池形成叠层。

TOPCon 目前产能提升得更快，核心原因是 TOPCon 和 PERC 的产线重合度很高。在 PERC 产线上新增非晶硅沉积的 LPCVD/PECVD 设备和镀膜设备就可升级为 TOPCon 产线，而改造成本不超过 0.8 亿元 / 吉瓦。由此带来的直接结果就是 TOPCon 更具成本优势，目前 TOPCon 电池成本比 HJT 低约 0.13 元 / 瓦。

通过这种技术改造，可以大大降低新设备的投资成本，同时也避免了旧产线沦为沉没成本，所以晶科能源、隆基、天合光能这些在 PERC 领域

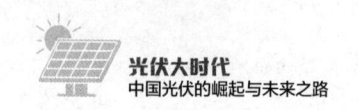

已有大量布局的头部龙头光伏企业更愿意投资 TOPCon。

而新势力因为没有旧产线的困扰，更愿意押宝 HJT，实现换道超车。HJT 使用的是低温工艺，相较于 PERC 也更容易实现薄片化。硅片减薄能进一步降低成本，同时也更易实现弯曲及柔性，贴合建筑结构。

另一方面，TOPCon 的理论极限转换效率虽然为 28.7%，高于 HJT 的 27.5%，但前提是实现双面多晶硅钝化，业内认为这一步很难跨越，目前实验室层面的效率仅为 22.5%，量产效率更低。而背表面钝化技术 TOPCon 电池的理论效率极限只有 27.1%，还不如 HJT。

HJT 的成本较高是最大劣势，这主要是因为光伏银浆占比太高和设备投资大。不过目前这两大问题正在加快得到解决。伴随 HJT 设备的国产化替代，以及银浆牵制的摆脱，包括单价和使用量，其产品的优越性将会更加明显。

有机构预计，到 2025 年，HJT 电池的行业渗透率将从当前的 2% 提升至 55%。

钙钛矿电池才是未来吗

HJT 被看好的其中一个核心原因就是未来与钙钛矿电池的融合。

钙钛矿电池被认为是未来光伏产业发展最重要的方向之一。钙钛矿指的是该类化合物家族，此类氧化物最早被发现存在于钙钛矿石中的钛酸钙化合物（$CaTiO_3$）。这种矿物于 1839 年被发现，并以俄罗斯地质学家列夫·佩罗夫斯基的名字命名。

在整个钙钛矿家族中，有许多类型，例如金属氧化物钙钛矿，它们已应用于催化、能源储存和转换中，如燃料电池和金属空气电池。100多年来，钙钛矿广泛应用于多个领域。钙钛矿在光伏领域的研究与应用最早是在20世纪90年代。过去的二十年多来，研究活动的主要焦点是卤化铅钙钛矿。

钙钛矿电池是利用全固态钙钛矿型的有机金属卤化物半导体作为吸光材料的光伏电池。1999年，日本科学家利用钙钛矿结构的稀土氧化物作为光伏电池的光吸收涂层。2009年，日本科学家宫坂力首次用钙钛矿光伏电池发电，电能转换效率为3.8%。至2021年，钙钛矿异质结电池实现了29.2%的转换效率，创造了新的世界纪录。

不同于晶硅路线要经历硅料、硅片、电池片、组件四个环节方可制备晶硅组件，钙钛矿组件制备只需要单一工厂，且生产过程耗时较晶硅大幅缩短，能耗也大为降低。

随着钙钛矿材料在光伏领域的研究和应用不断深入，钙钛矿具备的高光吸收系数、原料丰富、成本低廉、应用场景丰富等诸多优势被逐一发现，钙钛矿也被认为是最具商业化前景的技术材料之一。

钙钛矿电池分为单结钙钛矿电池、多结钙钛矿电池、叠层电池。这种新型光伏电池技术对于中国光伏产业意义非凡。在光伏领域，大多数技术都是由国外完成研发后再引入中国的。但钙钛矿技术是中国企业第一次从材料、设备到工艺全面实现自主研发的创举。

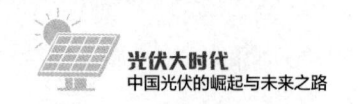

在众多技术路线中，不少光伏行业人员认为光伏发电的终极解决方案就是钙钛矿叠加晶硅电池。2022年6月，瑞士洛桑联邦理工学院和瑞士电子与微技术中心成功使钙钛矿－硅叠层电池转换效率首次突破30%，达到31.3%。根据美国可再生能源实验室统计信息，这是自2016年8月以来钙钛矿－硅叠层电池转换效率纪录的第九次提高，技术发展迅速。李振国认为，在各种硅基堆叠技术中，钙钛矿电池串联是最有前途的，因为它具有完美的带隙匹配、高工艺兼容性和高理论转化率，其转化率将达到44%。

不过钙钛矿电池技术也存在显著缺点，主要表现在大面积电池的低耐久性和大量转化率损失。但是也有人认为，伴随技术进步，钙钛矿电池最终将能够摆脱这些缺点。钙钛矿未来能否成为主导光伏技术仍然取决于行业的创新。

从资本层面看，已经有不少知名的投资机构进入这一领域。

除了宁德时代，腾讯、碧桂园等公司也开始涉足这一领域。腾讯于2022年参投协鑫光电B轮融资，持股5.97%；碧桂园于2021年参投极电光能、2022年参投无限光能。与此同时，众多专业投资机构也通过财务投资的形式投资钙钛矿电池企业，例如，三峡资本领投纤纳光电C轮融资，凯辉能源基金领投协鑫光电过亿融资，高瓴资本领投曜能科技数千万A轮融资。

从产能扩张来看，在钙钛矿单结电池方面，2021年以来我国百兆瓦级产线建设及规划数量明显增加。2021年协鑫集团旗下首条协鑫光电百兆瓦级产线建成投产，推动行业内其他企业的百兆瓦级产业化进程，纤纳光电、极电光能、万度光能均在 2021 年通过融资等方式投建百兆瓦级产线。2022 年以来，纤纳光电 100 兆瓦产线也逐渐落地，预计极电光能 150 兆瓦产线也会在年内投产。此外，大正微纳、无限光能、光晶能源均在推进其试验或中试线进程，规划百兆瓦级产线预计在 2023—2024 年落地。

钙钛矿叠层电池虽然是未来重要的发展方向，但是目前行业内主要以研发及试验为主。在晶硅钙钛矿叠层方面，目前合特光电和东方日升均有产线规划，合特光电百兆瓦中试线预计 2023 年中投产，行业内众多公司均有不同路线的钙钛矿晶硅叠层电池研发布局；在全钙钛矿叠层技术方面，仁烁光能 2022 年下半年投建 150 兆瓦量产线；在铜铟镓硒钙钛矿叠层技术方面，泰州锦能 2021 年 11 月投建了研究院、生产线、光伏电站及配套设施。

此外，产业内已有企业开始规划吉瓦级产线，协鑫光电、极电光能均有吉瓦级产线规划，预计 2023—2024 年能够看到单结钙钛矿电池吉瓦级产线落地。金昌鑫磊鑫吉瓦级产线也于 2022 年 7 月投建，预计未来百兆瓦级量产线规划落地后，行业内其他企业也将推进吉瓦级产线布局。

颗粒硅技术初露峥嵘

在光伏产业链中，硅片和电池的创新层出不穷，但是最上游的多晶硅环节创新则相对较慢。在漫长的发展过程中，西门子法一直占据主导地位。但是这项技术正在面临被新技术"颗粒硅"取代的风险。

西门子法技术最初由德国西门子实现工业化。这种技术是在 1100℃

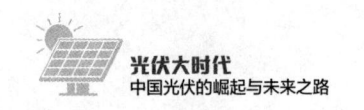

左右的高纯硅芯上，用高纯氢还原高纯三氯氢硅，生成多晶硅沉积在硅芯上，此后在该方法基础上进行了改良。

虽然西门子法生产出的多晶硅产品品质很可靠，但缺点是能耗高。工信部每年出台的《光伏制造行业规范条件》显示，仅从能耗看，2013 年多晶硅项目的"门槛"是综合电耗不得高于 140 千瓦时 / 千克，2021 年已经降至 80 千瓦时 / 千克。8 年间耗电量几乎减少了一半左右，但是相对而言依然很高。

为了解决最上游耗能高的难题，光伏行业一直在探索技术的革新。协鑫集团曾预测称，较之西门子法，颗粒硅技术全成本大概下降 30%，其中电耗下降 70%，人工下降 60%，水耗下降 30%，氢气消耗下降 40%。

颗粒硅不算一项全新的技术。早在 20 世纪 60 年代，全球化工巨头美国杜邦公司就申请了专利，用三氯氢硅流化床制备高纯度电子级多晶硅，一直卡在规模化生产上。主要原因是，这项技术产出的多晶硅，品质不稳定。颗粒硅表面积大，易被污染，得到高纯度颗粒硅难度极大。2008 年，全球硅料巨头德国瓦克公司设计建设一条流化床法颗粒硅生产线，采用三氯硅烷作为原料，年产量只有 650 吨，后来未能扩大产能。很长时间，颗粒硅能量产的，只有挪威 REC 与美国 MEMC 两家公司，但是装置规模都较小，均低于万吨级，产品品质也差，只能做添加料使用。

我国民营能源企业改变了这一切。2012 年国庆节前夜，协鑫集团颗粒硅中试装置调试成功，产出的硅烷气完全达标，标志着硅烷法制备多晶硅技术首战告捷。2017 年，协鑫集团又以 1.5 亿美元的价格，从美国太阳能开发商 Sun Edison 手里收购 MEMC 硅烷流化床技术和资产，并将其消化吸收，成为国内唯一掌握了颗粒硅的工业化技术企业。

2021年2月，协鑫集团颗粒硅有效产能终于达到1万吨。从0到1万吨，协鑫花了9年，而从1万吨到3万吨，只花了9个月。2021年11月，协鑫硅烷流化床法颗粒硅2万吨产能正式投产，实测综合电耗可降至15千瓦时/千克。目前，其颗粒硅在建及规划产能已经达到60万吨。

协鑫集团董事长、全球太阳能理事会联席主席朱共山表示，光伏上游制造环节占据了光伏全生命周期"碳足迹"的80%~95%，仅颗粒硅一项，就可以带动光伏发电全生命周期再次实现至少80%的碳减排，并且带动光伏发电实现从源头开始，全过程、全周期的深度脱碳和清洁生产应用。

颗粒硅目前市场份额不高的原因主要还是产能没有跟上，并不是市场不认可，一旦未来产能上来了，在品质、成本和碳足迹的三重绝对优势作用下，颗粒硅必定迅速占据市场。

不过对于颗粒硅技术也不能过于乐观。虽然一些企业认为这是颠覆性技术，但是从目前来看，由于颗粒硅无法忽视的质量问题，以及综合成本能否如宣传的那样低，仍需要打一个问号。目前颗粒硅只是硅料行业的技术补充路线，尚未具备颠覆多晶硅行业格局的能力。如果颗粒硅想改变目前的格局，仍然有大量的创新需要攻克。

在近十年的光伏产业史上，每一项核心技术的突破与商业化，往往都伴随着各种猜测或不解。

但是创新永无止境，企业唯有不断创新才能立于不败之地。

PART 5
第五部分

新未来新挑战

在第五部分，你将看到"双碳"目标的提出和新型电力系统的构建，为光伏产业提供了全新的发展机遇，也提出了更高的要求。无论是民营企业还是国有企业都需加速创新。伴随技术越来越成熟和成本的下降，"光伏+"在越来越多的领域铺开，成为诸多行业降碳的重要手段。与此同时，随着越来越多的国家提出碳中和目标，中国光伏产业在助力各国能源转型、全球应对气候变化的道路上依然任重而道远。

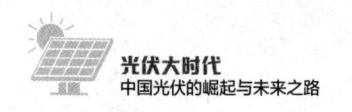

23　国有企业主力军作用

> *2016年8月23日，习近平总书记在青海省视察期间来到国家电投黄河水电太阳能电力有限公司西宁分公司，对奋战在一线的工作人员留下深情叮嘱与殷切希望："一定要将光伏产业做好。"*

自"双碳"目标提出后，我国国有发电企业尤其是中央发电集团加速对光伏产业的投入，并将其列为公司推动战略转型、响应国家能源革命和"双碳"目标的最重要方式之一。

我国光伏制造业有今日的辉煌，下游光伏电站领域的积极投资起到了至关重要的作用。而在光伏电站投资领域，国有企业尤其是中央企业一直是主力军。

事实上，自我国于2009年启动"金太阳"工程后，国有企业在光伏电站投资方面就开始快速"跑马圈地"。从最早的部分国有企业重视，到"双碳"目标提出后，光伏成为所有企业争夺的重点。

国家电投脱颖而出

对于光伏发电领域重视程度，不同的国有企业不尽相同。

在这方面表现最突出的是原中国电力投资集团（简称"中电投"）。2010年9月，颇受业界瞩目的国家第二批光伏电站特许权项目招标结果出炉，在40余家投标企业中，中电投成为最大的"黑马"：在总装机容量280兆瓦的13个光伏电站项目中，中电投中标7个、合计装机容量达150兆瓦。2010年五大中央发电企业清洁能源装机容量比例如图23-1所示。那是我国截至2010年规模最大的一次光伏电站特许权招标。

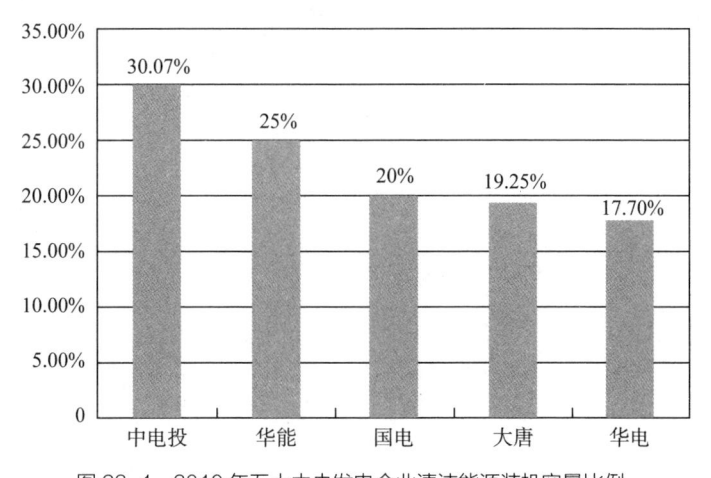

图23-1 2010年五大中央发电企业清洁能源装机容量比例

企业	比例
中电投	30.07%
华能	25%
国电	20%
大唐	19.25%
华电	17.70%

对于光伏的角逐，源于中电投的特殊情况。自2002年我国电力改革将发电领域分成华能集团、大唐集团、华电集团、国电集团、中电投等五大发电集团后，中电投在体量方面一直居于尾部。2008年国际金融危机后，当时国家已经对火电新项目进行控制，中电投难以突破。

也就是从 2010 年开始到 2012 年，我国迎来了历史上第二次电荒。与上一次的"硬、短、缺"不同，这次是煤炭价格高涨和季节性因素导致的"软、短、缺"。受当时"双控"政策的影响，制造业出现被压制后的"报复性用电"，煤炭价格因此被一路拉高。当时煤价和电价是双轨制。煤炭是市场定价，但电价是由国家管控。所以火电企业发电越多亏损越大，发电产能就上不去。由于煤炭价格高位运行，电力企业中的火电行业也处于严重亏损状态，2010 年火电业务亏损 118 亿元。

要想依靠传统煤电实现崛起已经毫无可能，中电投必须寻到一条转型和逆袭之路。从 2010 年开始，中电投在光伏领域走上了一条快速发展之路，并于 2015 年与国家核电技术有限公司合并成国家电力投资集团有限公司。自此，国家电力投资集团有限公司（简称"国家电投"）一直是我国光伏电站领域最大的投资商。

2016 年 8 月 23 日，习近平总书记在青海省视察期间来到国家电投黄河水电太阳能电力有限公司西宁分公司。他走进光伏电池生产车间，拿起一块光伏电池片仔细察看，了解电池片制造工艺、工作原理，对奋战在一线的工作人员留下深情叮嘱与殷切希望："青海有充足的太阳能光照资源、丰富的荒漠化土地资源，你们有产业优势、技术优势、人才优势、资金优势，一定要将光伏产业做好。"

习近平总书记还希望国有企业带头提升创新能力，努力形成更多更好的创新成果和产品，在创新发展方面形成更大引领作用。

2017 年，国家电投光伏装机容量突破千万千瓦，跃居世界第一；到 2021 年年底，其光伏装机容量达到 4113 万千瓦，较 5 年前增长了 6 倍，稳居全球第一，远远高于第二名。截至 2021 年年底，国家电投电力装机容量总量为 1.95 亿千瓦，跃升至国内第三名，清洁能源装机容量占比 61.5%，除了光伏装机容量遥遥领先，风电装机容量也达到了 3823 万千瓦，水电装机容量 2465 万千瓦，核电装机容量 809.4 万千瓦。新能源发电装机容量、可再生能源发电装机容量均居世界第一。

发电集团集体加码光伏

自"双碳"目标提出后，光伏在所有发电集团中已经不再是选择题，而是必选题。

不仅如此，围绕光伏产业，主要发电集团都展开了激烈的角逐。截至 2021 年年底，我国 17 家能源电力央企基本都公布了"十四五"期间新能源的投资目标规模，总计 6.7 亿千瓦如表 23-1 所示。

表 23-1　我国 17 家能源电力央企"十四五"期间新能源投资目标规模

序号	企业	2025 年目标	"十四五"新能源新增装机容量规划（万千瓦）	备注
1	国家能源	尚未公布	12000	预测值
2	国家电投	2023 年实现碳达峰，2025 年实现清洁能源占比 60%	8000	预测值
3	华能集团	2025 年实现清洁能源占比 50% 以上	8000	公布值
4	华电集团	2025 年实现碳达峰，"十四五"末非化石能源装机容量占比达到 50%，清洁能源装机容量占比接近 60%	7500	公布值
5	大唐集团	2025 年实现碳达峰，清洁能源占比 50% 以上	5000	预测值

续表

序号	企业	2025年目标	"十四五"新能源新增装机容量规划（万千瓦）	备注
6	三峡集团	2023年实现碳达峰，2040年实现碳中和	6000	规划中值
7	中国广核	"十四五"新能源装机容量不低于2000万千瓦，其中光伏装机容量不低于1200千瓦	2000	公布值
8	中核集团	根据中核汇能的战略规划，到2025年新能源装机容量将达到2200万千瓦	2000	预测值
9	华润电力	到2025年可再生能源装机容量占比超过50%	4000	公布值
10	中国节能	尚未公布	1000	预测值
11	国投电力	到2025年，国投电力规划境内外控股装机容量将突破5000万千瓦，其中清洁能源装机容量占比达72%	1500	预测值
12	中国绿发	"十四五"初步目标是完成3000万千瓦的新能源投资	3000	公布值
13	中国能建	预计到2025年，控股新能源装机容量力争达到2000万千瓦以上	2000	公布值
14	中国电建	公司"十四五"预计新增新能源装机容量约3000万千瓦，其中风电占70%，光伏占30%，新增水电装机容量约100万千瓦	3000	公布值
15	中国石化	"十四五"期间，新增光伏及风电装机容量各200万千瓦	400	公布值
16	中国石油	仅吉林油田"十四五"期间就规划分两期规划建设600万千瓦新能源	1000	预测值
17	中国海油	"十四五"对陆上光伏、陆上风电的发展目标为不低于500万千瓦，对新能源业务的投资比例是每年占总资本支出的5%~10%	600	预测值
	合计		67000	

从国内主要研究机构预测值看，仅上述17家能源央企新能源投资计划就已超过国家"十四五"规划预期目标。按照我国政府提出的目标，

到2030年我国风电、太阳能发电总装机容量将达到12亿千瓦以上。截至2020年年底，我国风电、太阳能发电总装机容量已经达到5.3亿千瓦。就是说，"十四五"最多还有5.7亿千瓦左右装机容量空间。

进入"十四五"第一年，五大发电集团在新能源电站投资方面表现尤为突出。2021年，华能集团实现新能源新增并网超1000万千瓦，实体开工超1600万千瓦；国家能源集团新能源开工1968万千瓦，新增装机1089万千瓦；大唐集团新能源项目核准（备案）2568.24万千瓦，获取指标2584.05万千瓦……它们无一例外都创历史最高水平。

从具体的光伏装机容量来看，截至2021年年底，主要发电央企已公布的光伏装机容量分别为：国家能源集团光伏装机容量为860万千瓦，同比增长4.1倍；华能集团光伏装机容量为912万千瓦；大唐集团光伏装机容量为535万千瓦；国家电投光伏装机容量为4113万千瓦。值得一提的是，国家电投无论是增量还是总量继续领跑五大发电集团。

发电集团的激烈角逐，与国家对其要求密不可分。2021年11月，国务院国资委下发《关于推进中央企业高质量发展做好碳达峰碳中和工作的指导意见》，提出到2025年，中央企业产业结构和能源结构调整优化取得明显进展，重点行业能源利用效率大幅提升，新型电力系统加快构建，绿色低碳技术研发和推广应用取得积极进展；中央企业万元产值综合能耗比2020年下降15%，万元产值二氧化碳排放比2020年下降18%，可再生能源发电装机容量比重达到50%以上，战略性新兴产业营收比重不低于30%，为实现碳达峰奠定坚实基础。

央企为此目标必须昼夜兼程。

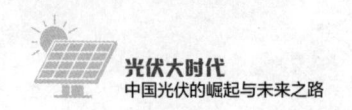

只是以光伏为首的新能源大规模发展，在降低整个电力系统的碳排放的同时，也带来了新的挑战。所以国家要求要构建新型电力系统，而新型电力系统的构建并未朝夕之间。这是一个世界性难题。我国当前的电力系统是基于煤电、水电、核电等较为可控的电源构建而来，稳定性有余，但灵活性不足。

而包括光伏在内的新能源，因发电不稳定曾经被认为是垃圾电。如果新能源在现有电力系统占比过高，将对整个电力系统造成巨大冲击，甚至可能导致大停电等极端情况出现。

目标的达成，需要包括国有企业在内的全体光伏人和电力人的共同努力。

24　在新型电力系统中担大任

> "构建以新能源为主体的新型电力系统"的提出，进一步明确了以光伏为首的新能源的主体地位。光伏以其小型轻便、应用场景广泛等特点更有利于进入大众视野。但是也对光伏发电提出了更高的要求。

如果说"双碳"目标的提出，为光伏产业的发展指明了方向，那么2021年3月15日习近平总书记主持召开中央财经委员会第九次会议时，提出要"构建以新能源为主体的新型电力系统"，则进一步明确了以光伏为首的新能源的主体地位。

新能源被定义为未来新型电力系统的主体，而光伏又将成为新能源主体中的主体。国内外主流研究机构普遍认为，相较于其他新能源种类，光伏的发展前景将更加广阔。

截至2020年年底，我国光伏发电累计装机容量已达到2.53亿千瓦，占我国电力装机容量比例为11.5%。以全球能源互联网发展合作组织的研究成果来看，预计到2030年、2050年、2060年，我国光伏发电装机容量将分别达到10亿千瓦、32.7亿千瓦、35.5亿千瓦，占我国电力装机容量

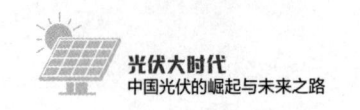

比例将分别达到 26.32%、43.03%、44.38%。

光伏将在未来新型电力系统中担当大任。但是担当大任仅凭一腔热血还不够，必须苦练内功。伴随装机容量越来越大，光伏产业必须通过种种办法克服其发电波动性、不可存储性的缺点和挑战。

光伏发电的挑战

与其他商品不同，电力是一个超大规模的非线性时变能量平衡系统，电能以光速传播，发电、输电、用电瞬时完成，且要时刻保持平衡。如果无法保持平衡，就会出现局部停电甚至全国大停电的极端现象。

传统电力系统采取的生产组织模式是"源随荷动"，简单说叫发电跟着用电走。在发电侧，常规发电机组，比如煤炭、天然气等火力发电，因为发电厂都要提前储备一定容量的燃料，可以对发电能力进行精准控制；在用电侧，千家万户的用电无法自由控制。在这种情况下如何进行两边平衡呢？传统电力系统，是根据日常经验的积累、大数据的分析、天气预报和节假日及不同季节负荷特性，对第二天用电趋势做出一个比较准确的预测，这个预测准确率一般高于 95%。

于是，用一个精准可控的发电系统，去匹配一个基本可测的用电系统，并在实际运行过程中滚动调节，可以实现电力系统安全可靠运行。

但是伴随光伏、风电等新能源大规模接入，电力系统从根本上改变了"源随荷动"的运行模式。在新能源高占比电力系统中，因为集中式的风电、光伏大规模接入，发电侧的新能源随机性、波动性影响巨大，"天热无风""云来无光",发电出力无法按需控制,在很多情况下只能"看天吃饭"。在用电侧,分布式光伏、风电等新能源大量接入以后,发电与用电边界日渐模糊,用电负荷预测准确性也大幅下降。

同时,新能源本质上是电力电子设备,不具备传统发电机的机械转动惯量。所谓转动惯量,可以简单理解成像一辆单车,当你停止蹬脚踏板的时候,单车并不会立刻停止,而是在惯性作用下继续行驶一段时间。在传统发电机组中,汽轮机、水轮机等也是同样的原理。但是光伏是电力电子设备,一旦没有光源,立刻就会停止发电,没有转动惯量。另外光伏本身抗扰动性能比较差。所以当整个电力系统转动惯量下降后,全系统抗故障冲击的能力也大大降低。

过去的电力系统就像一艘航空母舰,在新能源大规模并网后,改成了一个小吨位的货轮加上无数艘小帆船运行。大海里一个大浪过来,首先小帆船就会翻掉,小吨位货轮也会产生大幅摇摆,对电网安全造成巨大的影响。

光伏发电具有随机波动性、不可存储性等特性,这是不争的事实。在光伏产业过去多年发展过程中,国际上也出现过因这种特性导致的停电现象。

2020年8月,美国加利福尼亚州发生大停电事故。截至2019年年底,美国加利福尼亚州的风电、光伏发电装机容量总计为3340万千瓦,占比超过34%,已经成为典型的高比例新能源电网。2020年8月中旬,持续高温导致加利福尼亚州电力需求剧增,到了8月14日晚,因光伏发电出力为零、风电出力受天气影响明显下降,新能源发电出力仅为325.7

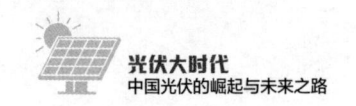

万千瓦，不及新能源装机容量的 10%，引发电力短缺，加利福尼亚州超过 40 万用户断电，持续时间约 1 小时；8 月 15 日，超过 20 万用户被轮流限电。

2019 年 8 月 9 日，英国电网也发生过大规模停电事故。那是自 2003 年"伦敦大停电"以后，英国发生的规模最大、影响人口最多的停电事故。事故造成英国包括伦敦在内的部分重要城市出现停电现象。在导致这起事故的众多原因中，分布式光伏出力损失对频率下降起到推波助澜的作用。分布式光伏脱网 3 批次，出力损失累计达 700 兆瓦，占低频减载保护触发前出力损失的 37% 以及全程总出力损失的 33.7%。分布式光伏脱网在一定程度上加速触发了该电网频率下降速率，加快了低频减载保护动作，最终造成约 110 万用户（约 1000 兆瓦负荷）在 15～45 分钟内停电。

虽然我国尚未发生过因光伏发电原因导致大规模停电的事故，但是伴随新能源在电力装机中的比例越来越高，如果不未雨绸缪，重蹈国外覆辙也并非危言耸听。

围绕高比例新能源可能产生的风险，中国电力科学研究院新能源与储能运行控制国家重点实验室石文辉等人，在《高比例新能源并网与运行发展研究》论文中进行过分析。他们以我国新能源高占比的西北地区某省级电网为对象，通过进行 2030 年电力电量平衡仿真分析发现：

"为了达到新能源电量目标，该省级电网 2030 年新能源装机容量占比将大于 50%，新能源渗透率（装机容量与全年最大负荷的比值）超过 200%。在日内运行时，部分时段的新能源大发，全年有约 1000 小时全部由新能源供电，有约 1800 小时新能源电力过剩；全年新能源限电率超过10%，其中约60小时的新能源限电功率超过其装机容量的30%。部分时段新能源出力偏低，出力小于装机容量10%的时段超过4200小时，叠加负荷高峰会导致系统紧平衡甚至出现电力缺额。需要常规电源灵活调节、西北电网省间互济、大容量储能来共同维持电力电量平衡。由此分析可见，在新能源装机容量占比达到50%的条件下，系统电力电量平衡面临极大挑战，将出现能源电力供过于求（弃电）、供不应求（限电）并存的状况；而且一天内即可面临弃电、限电状态的多次转换，相应的转换周期急剧缩短。"

未来，伴随新能源接入比例的逐渐提升，我国电力系统的供需失配现象将更为显著，同时面临高效消纳与能源电力安全保障并存的难题。

新型电力系统呼之欲出

光伏发电波动性、间歇性，意味着无论发电侧还是用户侧都完全不可控，传统的技术手段和生产模式，已经无法适应高占比新能源电网的运行需求。

但是这种负面影响并非没有解决之道。解决的根本性办法，就是要对传统电力系统进行革新，构建新型电力系统。

新型电力系统是一项复杂的系统性工程，能够以新能源为供给主体，满足不断增长的清洁用电需求，具有高度的安全性、开放性、适应性。

所谓新型电力系统，未来将着重从三个层面进行建设。

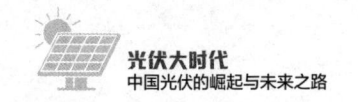

在电源侧，一方面要大力发展可再生能源，进一步降低发电成本，同时也要发展一定比例的核电作为基荷电源；另一方面要大幅提升发电的有功调节能力，加快在运煤电机组灵活性改造，提升机组调节速率与深度调峰能力，新建煤电均应具备深度调峰能力。还要有序发展天然气调峰电源，充分发挥其启停耗时短、功率调节快的优势，重点在新能源发电渗透率较高、电网灵活性较低的区域开展建设。

在这些要素中，我国煤电灵活性改造进展一直低于预期。截至2020年年底，我国"三北"地区火电机组灵活性改造完成8241万千瓦，只达到改造目标的38%，内蒙古、山西、新疆、甘肃各省区仅完成改造目标的2.1%、3.3%、2.4%和4.1%。政府部门已经意识到如果不加强灵活性改造，将很难实现"双碳"目标。2021年年中，中共中央、国务院印发的《关于完整准确全面贯彻新发展理念做好碳达峰碳中和工作的意见》《2030年前碳达峰行动方案》均明确提出，"加快现役机组节能升级和灵活性改造"。2021年10月，国家发展改革委发布的《关于开展全国煤电机组改造升级的通知》文件更是明确提出："存量煤电机组灵活性改造应改尽改，'十四五'期间完成灵活性改造2亿千瓦，增加系统调节能力3000万~4000万千瓦。"

在电网侧，我国正在加强跨省、跨区输电通道建设，打造大范围资源优化配置平台；同步加强送端、受端交流电网，扩大电网互联规模，承载跨区域、大规模的输电需求。截至2020年年底，我国已经实现跨省跨区输电能力2.88亿千瓦。全球能源互联网发展合作组织预测，到2030年，我国跨区跨省电力流将达到4.6亿千瓦；2060年，跨区跨省电力流进一步提升至8.3亿千瓦。除了大电网，我国也正在推动建设适应分布式、微网发展的智能配电网，促进电、冷、热、气等多能互补与协调控制，满足分布式清洁能源并网、多元负荷用电的需要，在内部自治的同时与大电网协调互动。

在负荷侧，未来伴随电力市场的健全，大量可调节负荷可以根据电力市场灵活用电，进行需求侧响应。比如通过价格信号鼓励电动汽车在用电低谷的时候进行充电，在用电高峰期通过充电桩 V2G 技术向电网反向送电，从而实现削峰填谷。

在储能侧，应鼓励或要求新能源按照一定比例配置储能，尤其是鼓励共享储能的建设，既包括化学储能，也包括抽水蓄能等物理储能等。同时还要研究水电站增设大泵，具备一定的抽水调节能力。国家已经给出明确的储能政策支持。抽水蓄能是目前技术相对成熟、单位投资成本低、寿命长的储能技术，有利于大规模能量储存。2021 年 9 月，国家能源局发布的《抽水蓄能中长期发展规划（2021—2035 年）》提出，到 2025 年，抽水蓄能投产总规模较"十三五"翻一番，达到 6200 万千瓦以上；到 2030 年，抽水蓄能投产总规模较"十四五"再翻一番，达到 1.2 亿千瓦左右。按照这个规划，抽水蓄能很可能还无法满足新型电力系统的调节要求。2022 年 7 月，国家能源局有关负责人又进一步表示，2022 年以来，国家能源局组织各省级能源主管部门在规划实施方案基础上，制定抽水蓄能项目工作计划。初步分析，"十四五"可核准装机容量 2.7 亿千瓦，总投资 1.6 万亿元，涉及 28 个省（区、市）和新疆生产建设兵团。抽水蓄能的建设再次得到提速。

除了抽水蓄能，电化学储能、压缩空气储能、飞轮储能、电磁储能、

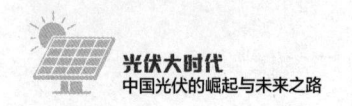

储热、氢储能等新型储能技术也已经在积极发展过程中，未来将成为构建新型电力系统的重要基础，在长周期平衡调节、安全支撑等方面发挥重要作用。

通过新型电力系统的建设，伴随技术进步和成本的进一步下降，未来光伏发电的波动性、间歇性将不再是光伏发电的掣肘因素。

25 "光伏+"新时代

> 随着光伏成本的加速下降和转换效率的日益提升,光伏汽车、光伏幕墙等逐渐走入大众的视野。与此同时,光伏农业、光伏渔业、光伏治沙、光伏制氢等"光伏+"产业也日渐盛行。

2015年2月的一天,距离春节还有半个月时间,昔日全球薄膜电池龙头企业汉能薄膜发电集团召开了一次盛大的新闻发布会,宣布已研制成功移动电源、背包、户外服装、帐篷等薄膜光伏发电产品,同时将推出3～5款太阳能全动力汽车,在日均4小时光照下,可以驱动一辆1吨的汽车正常行驶80～100公里。

这些产品被命名为汉瓦、汉车、汉伞、汉包、汉纸等,全面覆盖"住""用""行"等各种生活场景。尽管汉能后来因经营不善退出历史舞台,但是这些大胆的创新与尝试,为光伏行业跨界破圈做出了有益的探索。

虽然这些产品后来未能在市场上站稳脚跟,汉能也宣告破产,但并不意味着方向是错误的。只是汉能选择的薄膜电池技术路线,成本过于高昂,发电效率较低,在晶硅电池处于绝对优势的当时,缺乏有效的竞争力。

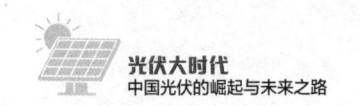

此后伴随光伏成本的加速下降和转换效率的日益提升,尤其是"双碳"目标提出后,光伏汽车、光伏幕墙等逐渐走入大众的视野。与此同时,光伏农业、光伏渔业、光伏治沙、光伏制氢等"光伏+"产业也日渐盛行。

移动能源

2015年3月,全球首架太阳能飞机"阳光动力2号"从阿联酋首都阿布扎比起程,开始环球飞行。这是一架长航时不必耗费一滴燃油便可昼夜连续飞行的太阳能飞机,飞行所需能量完全由光伏电池提供。翼展要比波音747大型喷气式客机更长,超过17000块光伏电池直接平铺在机翼上。2016年7月,"阳光动力2号"完成环球飞行,在阿布扎比着陆,创造了历史(见图25-1)。

图25-1 "阳光动力2号"环球飞行

出生于探险世家的飞行员勃兰特皮卡德称,"我希望人们可以明白,这次环球飞行不仅是航空史上的首次突破,也同样是能源史上史无前例的壮举。"

2022年7月,"德国造车新势力"索诺汽车发布了全球首款太阳能汽车 Sion 车型。截至 2022 年 9 月 1 日,索诺汽车声称 Sion 的预订量已经超过 2 万台。新车在德国的含税价为 2.99 万欧元(约合 20.6 万元人民币),将于 2023 年下半年在芬兰投入生产,并计划在 2030 年以前生产 25.7 万辆新车。

Sion 一共嵌入了 456 块太阳能光伏板,每周平均将提供 112 公里的续航里程,如果天气较好,最大可增加 245 公里。此外,车辆还拥有一个 54 千瓦时的磷酸铁锂电池,WLTP(全球统一轻型汽车测试规程)工况续航可以达到 305 公里,支持最高 75 千瓦的直流快充和最高 11 千瓦的车载交流充电,并具有双向充电功能。

鲜为人知的是,其实在城市中共享单车盛行的今天,这些单车早已普遍采用光伏发电技术解决电力供应问题,既方便又环保。

伴随光伏技术的创新与进步,可折叠发电纸、发电背包、发电衣服、发电帐篷、发电手机壳等民用移动能源新品都将陆续走进大众的视野。

光伏农业

除了移动能源,光伏在农林牧渔等领域的互补和应用已经全面铺开。

光伏农业从 20 世纪 70 年代就已经开始。1975 年首台光伏水泵面世。但是在此之后,光伏农业发展非常缓慢。这是因为光伏发电成本一直居高不下,直到近年来随着发电成本不断降低,光伏农业才得以迅速发展。

光伏在农业中的应用逐渐呈现出多样化的态势，从刚开始的农业灌溉到现在的照明、通风、农业机械、农业自动化和农业机器人等。

"农光互补"，指农业和光伏互相结合，在温室、种植大棚、养殖大棚等农用设施或用地向阳面上铺设光伏电池板，提供清洁电力的同时，还能为农作物种植、畜牧养殖等提供适宜的生长环境，带来更高的经济收益和环保效益。

"渔光互补"光伏发电项目（见图25-2）是通过在鱼塘上方安装光伏电池板，实现"上可发电、下可养鱼""一种资源、两个产业"的集约发展模式，提高了水面资源利用效率。光伏电池板还可以为养鱼、鸭、鹅等提供良好的遮挡作用，实现养殖和光伏发电互融互补，社会效益、经济效益和环境效益多赢的局面。

图25-2 "渔光互补"光伏发电项目

"牧光互补"光伏发电项目则是在养殖基地上方搭建光伏电池板，下方对牛羊等牲畜进行放养或圈养，实现一地多用，将有效资源合理利用。

"光伏+农业"在农业领域广泛应用，目前已经涵盖种植业、林业、畜牧业、渔业等诸多领域，形成"农光互补""渔光互补""牧光互补"等多元互补模式，不仅为当地提供了清洁能源、创造了经济价值，并兼顾生态乡村发展，一举多得。

2009年，我国农业光伏电站的装机容量不足0.001吉瓦，2014年也只有1.18吉瓦。2019年，我国农业光伏电站累计装机容量已达到14.15吉瓦。

光伏农业不仅对于实现"双碳"目标意义重大，在乡村振兴的大背景下，这种全新的生产模式，也可以带动农业产业转型，提高农民农村收入。

光伏建筑

"光伏+"最具发展潜力的领域之一还是光伏建筑。

将光伏与建筑结合的方案，称为BIPV（Building Integrated Photovoltaic）或BAPV（Building Attached Photovoltaic）。BIPV指光伏建筑一体化，又称为"建材型"太阳能光伏建筑。BAPV指附着于建筑物上的光伏发电系统，又称为"安装型"太阳能光伏建筑。BAPV通常通过简单的支架实现安装，可以后期加装，不改变建筑外观，与建筑物原来的功能没有冲突。BIPV在前期设计时已经将光伏组件内置在建材中，一体化程度更高，通常外观也更简洁美观。目前，全国很多知名建筑都安装了光伏设施，如我国雄安新区高铁站就采用BIPV方式。该高铁站站顶上的分布式光伏电站

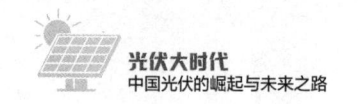

总装机容量为 6000 千瓦，站顶铺设 1.77 万块、4.2 万平方米的光伏组件，电站采用自发自用、余电上网模式（见图 25-3）。

图 25-3　雄安新区高铁站站顶的分布式光伏电站

相比于发达国家，我国光伏建筑起步较晚，直到 2004 年我国中科院电工研究所才设计了第一个真正意义上的光伏一体化建筑项目，装机容量为 50 千瓦并成功并网。随后我国又建设了一些重点的示范工程，比如装机容量 300 千瓦的首都博物馆和装机容量 1 兆瓦的奥林匹克公园。2006 年上海市政府也提出了"十万个太阳能屋顶计划"。

我国光伏建筑真正跨越式发展从 2017 年开始。到 2021 年，我国分布式光伏当年新增装机容量已达到 2928 万千瓦，历史上首次突破年度全部新增光伏发电装机容量的一半，达 53.4%。这其中很大一部分都是跟建筑相结合。在分布式光伏中，跟建筑结合最紧密的户用光伏发展最为迅猛。户用光伏继 2020 年首次超过 1000 万千瓦后，2021 年超过 2000 万千瓦，累计装机容量约 4328 万千瓦，占分布式累计装机容量的 40%。

光伏建筑未来被广泛看好。2021年10月，国务院印发的《2030年前碳达峰行动方案的通知》就提出，要深化可再生能源建筑应用，推广光伏发电与建筑一体化应用。要求到2025年，城镇建筑可再生能源替代率达到8%，新建公共机构建筑、新建厂房屋顶光伏覆盖率力争达到50%。2022年3月，住房和城乡建设部印发《"十四五"建筑节能与绿色建筑发展规划》，提出到2025年，全国新增建筑太阳能光伏装机容量50吉瓦以上，完成既有建筑节能改造面积3.5亿平方米以上，建设超低能耗、近零能耗建筑0.5亿平方米以上。

根据住宅与居住环境工程技术研究中心的估计，到2020年年底我国的建筑总面积达到700亿平方米，这其中可用于光伏发电的面积达300亿平方米，意味着我国在光伏建筑领域有非常大的市场潜力。

未来10年光伏建筑必将迎来一个黄金时机。

光伏治沙

除了发电的效益，人们探索出了光伏更多的价值，比如环境领域的光伏治沙。

中国有173万平方公里沙漠化土地，占据国土面积近1/4，风能太阳能资源富集，技术可开发量占全国比重60%以上，比如库布齐沙漠年均日照超过3180小时，远远超过东中部1000多小时的日照资源。荒漠化一直是我国西部发展最大的最大阻碍，西部治沙一直就是中国的百年大计，国家投注了许多的精力和资金治沙。到2020年，我国西部地区防沙治沙

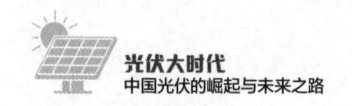

总投资已超过 2000 亿元。

2021 年 12 月，国家林业和草原局、国家发展改革委、自然资源部、水利部关于印发《北方防沙带生态保护和修复重大工程建设规划（2021—2035 年）》的通知，到 2035 年，各项重点工程全面实施，完成沙化土地治理 1380 万公顷，退化草原治理 740 万公顷，营造林 610 万公顷，水土流失治理 1120 万公顷。

为了治理沙漠，我国一直在不断地探索治沙新模式，而光伏治沙是 21 世纪第二个十年最新探索出的成果。光伏沙漠生态电站是其最主要的治沙模式（见图 25-4）。其最大的特点就是把发展光伏和沙漠治理、节水农业相结合。电站的外围用草方格沙障和固沙林组成防护林体系，光伏板下安装节水滴灌设施，种植绿色经济作物，实现经济效益和生态效益的共赢。

图 25-4　光伏沙漠生态电站

2021 年 10 月，习近平主席在《生物多样性公约》第十五次缔约方大会领导人峰会上宣布，中国将大力发展可再生能源，在沙漠、戈壁、荒漠地区加快规划建设大型风电光伏基地项目。内蒙古、甘肃、青海、宁夏4省区紧锣密鼓贯彻落实，10月中下旬组织开工了一批以荒漠地区为主战场的大型风电光伏基地项目，拉开第一批装机容量约1亿千瓦项目开工序幕，其中规模最大的单体光伏基地项目就是蒙西基地库布其200万千瓦光伏治沙项目。

2022年8月，在第二届清华大学"碳中和经济"论坛上，国家能源局新能源与可再生能源司司长李创军表示，把沙漠、戈壁、荒漠地区的大型风光电基地的开发建设作为"十四五"新能源发展的重中之重，全力推动、加大力度规划建设新能源，以沙漠、戈壁、荒漠为基地作为载体的新能源供给消纳体系。"目前，我们第一批以沙漠、戈壁、荒漠为重点的大型风光电基地装机容量大概1亿千瓦，第一批基地现在已经全部开工建设，第二批的基地项目清单已经印发，正在抓紧开展项目的前期工作，目前正在组织谋划第三批基地项目。"

伴随这些项目的陆续开工，我国光伏治沙的效果将越发明显。研究表明，在173万平方公里沙漠化土地中，约53万平方公里可治愈。中国有122万平方公里的可耕地面积，其中部分农田处于荒漠化进程中，如果53万平方公里的沙漠化土地变成良田，那么我国可耕地面积将增加43%。

这将是一个功在当代、利在千秋的伟大事业。

光伏制氢崛起

相比于光伏在农业、建筑、移动能源等领域的应用，光伏制氢则是一

个解决未来电力系统平衡和化工领域降碳问题的重要手段。在今后会有越来越多的光伏制氢工厂拔地而起（见图 25-5）。

图 25-5　光伏制氢工厂概念图

人类很早以来就有使用氢气作为能源的梦想。1874 年，法国科幻小说家儒勒·凡尔纳在长篇小说《神秘岛》中设想，"我相信总会有一天可以用水来做燃料，组成水的氢和氧可以单独或合在一起被使用。这将为热和光提供无限的来源，所供给的光和热是煤炭所无法达到的。所以我相信，一旦煤矿枯竭，我们将会用水来供热和取暖。水将是未来的煤炭"。

氢能真正的发展还是始于 21 世纪。从全球氢能发展史上看，氢能发展经历了"三起三落"，一直没有获得大规模发展。1973 年国际氢能组织在美国成立。然而，随着可开采油田资源逐渐丰富，氢能发展进入低潮期。20 年后，由于气候变化问题，氢能产业再次兴起，各国加大研发投入力度，而随着德国等第一代燃料电池汽车推出和油价稳持低位，氢能发展再次受到抑制。21 世纪初，世界对气候问题的关注让氢能迎来第三次发展热潮，然而 2008 年国际金融危机后，石油价格回落，氢能发展又一次落入低谷。2015年，巴黎协定的签署让氢能再次回到大众的视野。

从国内看，中国对氢能的战略性支持开始于2016年，近年来支持力度不断加大。2019年，氢能源首次被写入中国政府工作报告。这一年被认为是中国氢能产业爆发的"元年"。此后全国约有百项与氢能产业有关的政策问世。同样在这一年，氢能开始进入飞跃期，并且在制氢、加氢储氢以及下游燃料电池车的整个产业链都有相应项目落地，呈现全产业链齐头并进的态势。

氢能的优势非常明显，主要分成4个方面：制取原料来源广，取之不尽，用之不竭；化学性质活泼，是重要的化工原料；能量密度高，作为能源应用的潜力巨大；燃料产物清洁，可实现用能侧零碳排放。

目前全球每年氢需求量达到1.15亿吨，绝大部分用于化工领域。尽管氢作为能源具有诸多优势，但是成本非常高昂，因此除了航空航天等极少数领域，很少作为能源直接利用。

根据中国氢能联盟的预测，中国氢能产业在2020—2025年将达到万亿级市场规模，在2036—2050年将达到十万亿级市场规模。这一预测依据主要是，氢能将成为人类应对气候变化危机、推动全球能源转型的重要手段。

氢能作为推动全球能源转型重要支撑之一，已经成为主要研究机构的共识，而绿氢又将成为此中最具发展潜力的领域。

氢气制取分为灰氢（煤制氢）、蓝氢（天然气制氢）、绿氢（可再生能源制氢）。当前，中国是全球制氢第一大国，产能约占全球的40%。中国

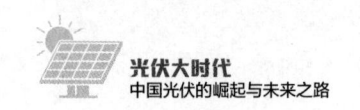

煤制氢占比达到 60% 以上，天然气制氢约占 14%，石油和工业副产氢约占 21%，电解水制氢因成本较高只有 1%~1.5%。

全球能源互联网发展合作组织在最新专著《绿氢发展与展望》进行过测算：在灰氢方面，当煤价为 350~500 元/吨的情况下，煤制氢成本为 7~10 元/千克，如果考虑二氧化碳排放成本，按照 50 元/吨的国内当前的碳价计算，煤制氢成本为 8~11 元/千克。

在蓝氢方面，中国天然气制氢成本为 15~16 元/千克，如果考虑二氧化碳排放成本，天然气制氢成本将增加至 16~17 元/千克。

在绿电制氢方面，在当前 0.35~0.4 元/千瓦时电价下，电制氢成本为 21~25 元/千克，用电成本占总成本的 70%~80%，预计到 2030 年国内光伏和陆上风电成本将降至 0.15 元/千瓦时和 0.25 元/千瓦时，绿氢制备成本将降至 20 元/千克左右，部分风光资源较好的地方，绿氢成本可低至 15~16 元/千克，相比蓝氢更具经济优势，逐渐成为主流制氢方式。

预计到 2050 年，伴随高温固体氧化物电解槽等新型电制氢技术的突破，以及可再生能源成本降至 0.1~0.17 元/千瓦时，电制氢成本将下降至 7~11 元/千克，西北和北部条件较好地方可低至 7~8 元/千克，新能源发电电解水制氢将全面超越蓝氢和灰氢，成为最重要的生产方式。

到 2060 年，伴随电制氢技术的进一步成熟和可再生能源成本的进一步下降，电制氢成本将降至 6~10 元/千克，西北和北部条件较好地方可低至 5~7 元/千克。

全球能源互联网发展合作组织预计，双碳目标背景下，要构建电-氢协同的全社会成本最优的零碳能源系统，到 2030 年中国绿氢需求量约为 400 万吨，主要来自交通和化工行业；预计到 2050 年，中国绿氢需求量将达到 6100 万吨。在工业领域，新型绿氢化工、冶金工业、制取工业高品质热氢需求量共计 3600 万吨（含制甲烷和液体燃料用氢），交通领域氢需求量为 1500 万吨，其他领域包括发电、建筑等用氢约为 1000 万吨；预计到 2060 年，中国绿氢需求量将达到 7500 万吨，氢总需求量 9500 万吨，在终端能源消费中占比约 10%。考虑到碳排放成本后，绿氢代替化石能源在工业、发电、交通等领域应用的经济性优势将加速到来。

该组织预计，到 2050 年中国全社会用电量将达到 16 万亿千瓦时，其中约 2.7 万亿千瓦时将用于制氢，到 2060 年全社会用电量将达到 17 万亿千瓦时，其中约 3 万亿千瓦时将用于制氢。

全球能源互联网发展合作组织认为，利用电－氢的双向转换，氢燃气轮机、燃料电池在源侧，电制氢设备在荷侧，对电力平衡进行双向调节，加上其他储能设备和需求侧响应机制的健全，可以有效保障全国电力供需平衡。

那时,《神秘岛》中描述的愿景将成为实现。

26 中国的光伏，世界的光伏

> 从我国光伏产业渐露峥嵘至今，20多年的时间里，中国光伏产业从无到有、从小到大、从弱到强。这是一个产业的涅槃之路，也是一曲跌宕起伏的豪放乐章，更是中国经济发展和国家强盛的注脚。在中国光伏不断壮大的同时，也为世界应对气候变化和能源转型提供了坚强的支撑。

2021年4月19日，美国国务卿布林肯在马里兰州发表了关于气候问题的首次演讲，这位政治人物表示：美国新能源需要赶超中国。

布林肯在表达"焦虑"的同时警告称："中国是光伏电池板、风力涡轮机、电池和电动汽车的最大生产国和出口国，拥有世界上近三分之一可再生能源专利。""如果我们不迎头赶上，美国将无法以反映自身利益和价值观的方式去塑造世界气候的未来，还将丢掉无数美国民众的就业机会。"

《纽约时报》一篇评论甚至将中国光伏产业视为一种重大威胁，而上次的"威胁论"还是5G。评论认为，美国曾经是太阳能创新和制造领域的全球领导者——美国在1950年代发明了光伏技术，为卫星和航天器提供动力。几十年来，美国在太阳能领域保持了无可争议的领导地位。

但是中国企业进军光伏产业后，美国在全球太阳能组件出货量中的份额从 2004 年的 13% 下降到 2021 年的不到 1%。过去 20 年里，中国在太阳能组件生产中的份额从几乎为零增加到今天的近 85%。

"现在，我们落后中国了。"布林肯称，美国必须在气候问题上发挥领导作用，并在这一领域投入更多资源。到 2025 年，全球可再生能源市场的规模预计将达到 2.15 万亿美元，太阳能和风能技术会成为美国工作岗位增长最快的领域。到 2040 年，世界在这一领域将面临 4.6 万亿美元的基础设施缺口。

布林肯"焦虑"的背后，是中国光伏产业的日渐强盛。从 1998 年我国光伏产业渐露峥嵘至今，20 多年的时间里，中国光伏产业从无到有，从小到大，从弱到强。特别是在长三角地区，已经形成了完整的产业链。

这是一个草根产业在全球涅槃之路、崛起之路，也是一曲跌宕起伏的豪放乐章，更是中国经济发展和国家强盛的注脚。

国际能源署发布的《光伏全球供应链特别报告》显示，自 2011 年以来，中国已经投资超过 500 亿美元来扩张光伏设备产能，规模是欧洲的10 倍，在价值链上创造了超过 30 万个制造业就业岗位。

国际能源署称，中国是制造太阳能光伏供应链所有组件的最具成本竞争力的地方。中国的成本比印度低 10%，比美国低 20%，比欧洲低 35%。低成本电力是太阳能光伏供应链主要竞争力的关键。

中国光伏制造业在光伏电池板的全部生产环节，从硅料、硅锭、晶圆到电池、组件，都占据全球至少 80% 的产能，其中最低的是硅料

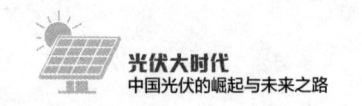

（79.4%），最高的是硅锭（96.8%）。国际能源署预计，到2025年，世界将几乎完全依赖中国供应光伏电池板生产的关键构件。基于在建的制造能力，中国在全球多晶硅、硅锭和硅片产量中的份额将很快达到近95%。

中国光伏产业强盛的背后，虽然有政策的支持，更多的是中国光伏创业者的埋头苦干和创新求索。

国家发展改革委原副主任、国家能源局原局长张国宝在《筚路蓝缕——世纪工程决策建设记述》著作中，就将中国光伏的崛起形容为"一个草根产业在中国的崛起"。"中国光伏行业崭露头角的几乎都是当时名不见经传的草根企业，例如协鑫、天合光能、晶科、阿特斯、通威等都是民营企业。"

中国民营企业机制灵活，依靠不断的工艺改进和技术进步，使得成本不断降低，例如采用了金刚线切割，降低了硅片成本，改进西门子法降低了多晶硅成本，使中国光伏产品有着很强的国际竞争力。加上强大的源于草根的配套制造能力成就了中国的光伏产业。

"这也是虽然有的国家对中国光伏产品制造贸易壁垒，但却难以在本国形成制造能力的原因。由于这些光伏原料、光伏器件生产商早期都是名不见经传的小企业，所以他们没有政府的直接投资，是从草根企业打拼出来的。"

正是中国光伏企业家的不懈努力，在麦肯锡《中美产业优势对比报告》里，光伏成为中国产业中唯一一个全面领先美国的产业，被评为满分。

也正是中国光伏企业家艰苦创业和不断创新，让全球光伏成本在过去十年下降了 85% 以上，成为全球最具竞争力的清洁能源。

也因此，多年以后，全球应对气候变化背后的能源清洁低碳转型才有了坚实基础，否则应对气候变化将成为空中楼阁。国际能源署执行董事法提赫·比罗尔就认为："中国在降低全球太阳能光伏成本方面发挥了重要作用，为清洁能源转型带来了多重好处。"

截至 2020 年年底，中国连续 8 年成为全球最大新增光伏装机市场，光伏产品出口到 200 多个国家及地区，降低了全球清洁能源使用成本。

中国光伏企业为全球应对气候变化做出了卓绝的贡献。中国光伏，最终成为世界的光伏。

展望未来，光伏的发展前景更加光明。除了前面章节我们提过未来国内光伏装机市场规模外，国际市场规模更加宏大。

仅 2022 年上半年，已经明确调高光伏装机容量目标的国家和地区就不少于 8 个。其中法国在 2 月指出，计划到 2050 年太阳能装机容量增加至 100 吉瓦以上；美国在 3 月提出，光伏装机容量要在原来预测的基础上同比增加 66%，到 2030 年有望每年增加 70 吉瓦；德国在 7 月通过了《可再生能源法》修正案，计划到 2030 年将德国的光伏发电装机容量要从目前的约 60 吉瓦增加到 215 吉瓦。欧洲光伏行业协会 3 月将欧洲光伏装机容量预期由 672 吉瓦调高到 1000 吉瓦，年均新增 90～100 吉瓦。

太平洋证券的研究报告指出，在中性情况下，2030 年后每年全球新增光伏装机容量将达到 925 吉瓦，同时随着配套产业链完善，后续每年新增装机容量稳定在 960 吉瓦左右。乐观情况下 2030 年每年新增装机容量

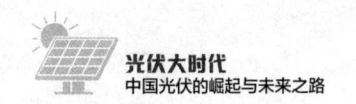

达到 1000 吉瓦。随着技术不断突破每年新增装机容量持续增长 2050 年新增装机容量超过 1500 吉瓦。

国际可再生能源署认为，全球 1.5 摄氏度的温升控制情景下，到 2050 年光伏发电量将占全球总发电量的 29%。国际能源署预测，在净零碳排放情景下，到 2050 年光伏发电量占全球总发电量将超过 30%。而截至 2020 年年底，光伏发电量占全球发电量的比例仅为 3.2%。

在通往全球碳中和的道路上，中国光伏仍然继续为世界应对气候变化做出贡献。

不过虽然光伏产业前景无限光明，但是企业家仍需居安思危。值得中国光伏企业家警惕的是，近年来，伴随地缘政治日趋紧张、国际贸易争端加剧，逆全球化浪潮进一步抬头，国际政治经济形势波诡云谲，中国光伏产品在全球很有可能会遭遇新一轮风险。

面对暗潮涌动的未来，中国光伏企业家唯有加速创新、保持战略定力才能立于不败之地。

后记 | 一个梦想

光伏行业的发展，总是一次次突破我们的想象力。

"十一五""十二五""十三五"期间，我国对光伏发电装机容量的规划目标分别是 25 万千瓦、2000 万千瓦、10500 万千瓦，但是实际装机容量分别达到了 80 万千瓦、4353 万千瓦、24000 万千瓦，完成率分别达到了 320%、218%、229%。

这是一个始料未及的结果。国家发展改革委能源研究所研究员王斯成认为，"光伏行业发展得太快，对成本下降的速度的低估，限制了我们对光伏行业发展前景预期的想象力！"

从成本下降角度来看，的确如此。2008 年，崇明和鄂尔多斯两个光伏发电示范项目每发 1 度电，政府需要补贴 4 元。这意味着，当时光伏发电每千瓦时发电成本为普通居民用电的 8 倍以上。

2007 年业界曾预计，到 2010 年光伏发电成本可降至每度 3 元，到 2020 年降至每度 1 元左右，到 2030 年才能与常规火电电价竞争。但实际上，到 2020 年年底我国光伏发电平均度电成本已经降至 0.3 元。

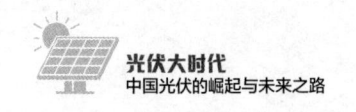

比尔·盖茨说,"我们总是高估今后一两年内将要发生的变革,总是低估未来 10 年将要发生的变革"。

十年前,《中国企业家》杂志在 2012 年 10 月的封面文章中写道:

"过去十年来,如果有一个行业笼罩的光环能与互联网相媲美,一定是光伏;如果有一个行业的造富能力能与互联网相媲美,一定是光伏;如果有一个行业吸引资本的能力能与互联网相媲美,一定是光伏;而如果有一个产业激发地方政府的追逐热情超过房地产,一定还是光伏。"

十年后,"双碳"目标下,光伏产业迎来了真正属于自己的大时代。在这个时代,光伏将成为主角。

只是,环境变了,对手变了,竞争的格局也变了。对于所有光伏企业,特别是历经十数年甚至数十年存活壮大的光伏龙头企业而言,它们均面临前所未有的机遇和挑战。

今天,中国光伏行业的发展日渐成熟。而历经波折与考验后,包括中环、通威、隆基、正泰、天合、阳光、晶科、晶澳、协鑫等历经跌宕的企业以及掌舵该企业的企业家,也正步入成熟期。

可以预期,"十四五"期间,特别是最近几年,光伏企业要应对的环境将更为复杂,产业竞争格局也面临巨大变化。

如何未雨绸缪,如何做战略布局,如何加速创新?都将再次考验一大批光伏企业家的视野和领导力。

"双碳"目标的提出,不仅给他们和产业带来了机遇,更给他们和全体光伏人提出了更高的要求。

他们需要思考的是，如何加速光伏技术创新，如何让光伏的成本无限趋近于零。对于中国而言，以光伏为首的新能源将成为中国不断融入世界的有力后盾，进而引领世界。

我们有一个梦想，有一天，光伏能够免费向人类提供清洁电力。

那时的世界将不再有贫困、饥饿、战争、污染，蔚蓝的地球将变得更加蔚蓝。

参考文献 | References

[1] 尹也泽，张栋. 光伏产业的变迁和现状 [J]. 团结，2020(02): 22-26.

[2] 洪峡. 美国可再生能源政策研究 [J]. 全球科技经济瞭望，2008, 23(02): 20-26.

[3] 周夫荣. 施正荣、苗连生的和与争 [J]. 中国经济和信息化，2010(20): 26-34.

[4] 周夫荣. 未来十年，光伏是谁的游戏？[J]. 中国经济和信息化，2011(13): 24-25.

[5] 赵玉文，吴达成，王斯成，王文静，励旭东，刘祖明，邱第明，宋爽，葛纯. 中国光伏产业发展研究报告（2006—2007）（上）[J]. 太阳能，2008(06): 11-18+30.

[6] 赵玉文，吴达成，王斯成，王文静，励旭东，刘祖明，邱第明，宋爽，葛纯. 中国光伏产业发展研究报告（2006—2007）（中）[J]. 太阳能，2008(07): 6-15.

[7] 赵玉文，吴达成，王斯成，王文静，励旭东，刘祖明，邱第明，宋爽，葛纯. 中国光伏产业发展研究报告（2006—2007）（下）[J]. 太阳能，2008(08): 6-13.

[8] 褚文博，隆涛. 美国光伏产业路线图 [J]. 新材料产业，2006(01): 48-51.

[9] 韩民青. 日本新工业化的发展趋势 [J]. 当代亚太，2004(08): 38-44.

[10] 李维安，秦岚. 迈向"零碳"的日本氢能源社会发展研究 [J]. 现代日本经济，2021(02): 65-79.

[11] 赖智慧. 施正荣梦断光伏 [J]. 新财经，2013(05): 89-91.

[12] 孙郁婷，郝凤苓，萧白，张泽满. 赛维迷途 [J]. 21世纪商业评论，2012(15): 36-44.

[13] 蔡钱英. 中国光伏产业：在阴霾中迎来春天 [J]. 经济，2012(04): 90-91.

[14] 武魏楠. 组件：技术革新驱动行业变革 [J]. 能源，2022(12): 25-27.

[15] 周夫荣，戴喆民，邓攀. 双雄早衰 [J]. 中国企业家，2012(20): 42-51+14.

[16] 周夫荣. 晶科能源：自找麻烦的克己者 [J]. 中国企业家，2017(08): 82-87+6.

[17] 何伊凡. 首富，政府造——自主创新的"尚德模式" [J]. 中国企业家，2006(06): 36-49+4.

[18] 高纪凡. 不忘初心 持之以恒 永做改革创新"排头兵" [J]. 钟山风雨，2021(01): 27-30.

[19] 于璇. 向光而行，家电与光伏的不解之缘 [J]. 电器，2022(07): 29-31.

[20] 姚利磊. 李振国 隆基重视软实力 [J]. 英才，2020(Z1): 49.

[21] 刘美萍. 碳中和路径下低碳社会构建问题研究 [J]. 资源再生，2021(11): 32-35.

[22] 冯玉军. 国际能源大变局下的中国能源安全 [J]. 国际经济评论，2023(01): 38-52+4-5.

[23] 金秋实，王晓，倪依琳，付昕烨，刘彦达. "双碳"背景下光伏行业

发展研究与展望 [J]. 环境保护，2022, 50(Z1): 44-50.

[24] 秦海岩. 发行债券彻底解决可再生能源补贴支付滞后问题 [J]. 风能，2020(06): 1.

[25] 江华. 2019 年光伏设备产业发展情况综述 [J]. 太阳能，2020(07): 10-18.DOI:10.19911/j.1003-0417.2020.07.002.

[26] 郑达敏，赵增超，刘舟，文建峰，周翠. 高效太阳电池技术及其核心装备国产化进展 [J]. 有色设备，2021, 35(05): 78-82+88.

[27] 周夫荣，李英武. 彭小峰再战江湖：人生要像煮茶一样 [J]. 中国企业家，2015(07): 124-128.

[28] 高荣伟. 彭小峰："屡败屡战"的枭雄 [J]. 金融博览 (财富)，2015(08): 88-90.

[29] 石文辉，屈姬贤，罗魁，李钦淼，何永君，王伟胜. 高比例新能源并网与运行发展研究 [J]. 中国工程科学，2022, 24(06): 52-63.

[30] 舒印彪，陈国平，贺静波，张放. 构建以新能源为主体的新型电力系统框架研究 [J]. 中国工程科学，2021, 23(06): 61-69.

[31] 李庆党，和学泰，李子良，祝方舟. 光伏建筑发展与经典案例 [J]. 建筑技术开发，2022, 49(04): 1-6.

[32] 何继江. 沙漠中产生的 6.5 万亩草原——宁夏中卫腾格里沙漠光伏治沙考察侧记 [J]. 电气时代，2022(05): 6-8+10.

[33] 卢燕. 防治荒漠化的中国密码 [J]. 绿色中国，2022(11): 12-23.

[34] 梁芳. "双碳"目标下煤电灵活性改造误区及改进措施 [J]. 中国电力企业管理，2021(25): 72-73.

[35] 谢永胜. 推动能源转型发展 助力实现"双碳"目标 在构建新型电力系统中先行示范 [J]. 中国电业，2021(08): 8-9.

[36] 余木宝. 美国新能源欲迎头赶上 [J]. 中国石化, 2021(05): 70.

[37] 敖学坐. 氢能源——减轻危机之围 [J]. 神州, 2013(18): 54+56.

[38] 张国宝. 筚路蓝缕——世纪工程决策建设记述. 北京: 人民出版社. 2018

[39] 全球能源互联网发展合作组织. 中国碳中和之路. 北京: 中国电力出版社, 2021

[40] 何峰. 从时间演化角度讲解光电效应 [J]. 大学物理, 2022, 41(05): 6-8+18.

[41] 董玉峰, 王万录, 韩大星. 美国光伏发电与百万屋顶计划 [J]. 太阳能, 1999(01): 29.

[42] 张中伟, 张世勇, 胡强. 晶硅太阳能光伏电池技术进展 [J]. 东方电气评论, 2013, 27(02): 1-7.

[43] 秦凯, 聂晶晶. 国际金融危机下江苏省光伏产业发展问题研究 [J]. 金融纵横, 2010(03): 23-27.

[44] 阮晓琴. 多晶硅价格屡创新高, 川投能源天威保变显身手 [J]. 太阳能, 2008(06): 24+64.